A Basic Reader

Débuts Culturels

Jeannette Bragger
Robert P. Shupp
with the collaboration of
Simone Oudot

HOLT, RINEHART AND WINSTON
New York   San Francisco   Toronto   London

Library of Congress Cataloging in Publication Data

Bragger, Jeannette
    First-year French: Débuts culturels.

    1. French language—Readers—France.   I. Shupp, Robert, joint author. II. Title. III. Title: Débuts culturels.
PC 2117. B8373   448.6'4'21   77-433
ISBN   0-03-015016-7

Copyright © 1977 by Holt, Rinehart and Winston
All Rights Reserved
Printed in the United States of America
7 8 9 0 1 065 9 8 7 6 5 4 3 2 1

Contents

Preface   v

I. *Le Monde de langue française*

    1   Le Tour de France   1
    2   Le Monde francophone   11

II. *Les Institutions et les gens*

    3   Discours sur l'économie française   25
    4   L'Aménagement du territoire en France   35
    5   Conversation sur la bureaucratie en France   45
    6   Essai sur la politique   59

III. *Les Arts*

    7   De l'Impressionisme   71
    8   De la musique en France   81
    9   Débat sur le roman français   95
    10   Le Cinéma français   110

Cultural Index   119
Vocabulary   125

Preface

First-Year French Readings, Débuts culturels is designed for use in first-year courses. The purpose of this book is to develop reading skills for students at the very earliest stages of language learning. This would correspond to approximately the eleventh lesson in Holt's *First-Year French*.

The readings in *First-Year French Readings, Débuts culturels* introduce the student to the culture and traditions of France and the French speaking world. The aim is to expose students, as soon as possible, to French as it is spoken and written by native speakers. The vocabulary and the grammar structures in these readings have been carefully selected so as not to pose any barrier to the student. All difficult words are glossed in the margin. Each selection is preceded by a vocabulary list comprised of common words and expressions which relate directly to the topic of the chapter. The symbol ᐃ indicates an entry in the Cultural Index which is found at the back of the book. The Cultural Index explains, in greater detail, the institutions and terms found in the readings. The Cultural Index serves to broaden the student's knowledge of French terms and cultural topics.

The readings were written with two goals in mind: (1) readability, to allow beginning students the opportunity to read French in interesting and relevant contexts and (2) to introduce students to the culture of France and that of the French speaking world. We have thus included topics which are not generally found in first-year readers (politics, cinema, music, economy etc.). We feel that it is essential that students be exposed to the cultural differences between the English speaking and French speaking worlds and not only to the mechanics of the French language.

The exercises which accompany each reading selection have been designed to help build reading skills and to increase the students' vocabulary. There are three basic types of exercises: (1) comprehension questions based on the factual content of the selections; (2) exercises for vocabulary building based on a list of high frequency vocabulary items and idiomatic expressions; and (3) *Votre Point de Vue* questions which allow the students to express their own opinions on a given topic.

I. Le Monde de langue française

1

VOCABULAIRE À ÉTUDIER

l' **étape** *halting-place, stage*
le **vélo** *bicycle*
la **course** *race*
formidable *tremendous*
le **coureur** *racer*
l' **est (m)** *East*
emmener *to bring*
le **nord** *North*
la **frontière** *border*
jusqu'à *to, all the way to*
la **montagne** *mountain*
réussir *to succeed*
rouler *to drive (on wheels)*
le **sud** *South*
l' **ouest (m)** *West*
gagné par *won by*
dur(e) *hard*
la **pente** *slope*
triste *sad*
le **point de départ** *starting point*

l' **arrivée** *finishing line*
le **cœur** *heart*
en attendant *while waiting*
entendre *to hear*
le **cri** *shout*
la **foule** *crowd*

Le Tour de France

(Émission de l'ORTF[1] à Angoulême)

Jacques Carrière: Chers auditeurs,° bonjour. Ici, Jacques Carrière qui vous parle d'Angoulême. Comme vous le savez, nous sommes au milieu de la quinzième étape du Tour de France, entre Bordeaux et Limoges. Nous attendons ici les premiers vélos par ce bel après-midi ensoleillé.° Marcel Coulons, repassons, si vous voulez bien pour notre auditoire,° les principaux événements de la course.

Marcel Coulons: D'accord, Jacques. Eh bien, cette année, c'est encore une course formidable de vingt et une étapes de cent à cent cinquante kilomètres chacune. Le Tour a presque la forme d'un hexagone, comme la France elle-même. D'abord, les coureurs ont quitté Paris de la Place de la Bastille et ont traversé le Bassin Parisien à l'est pour arriver à Reims. Puis la deuxième étape les a emmenés vers le nord-est. Au delà de la frontière, ils sont allés jusqu'à Luxembourg, et de là ils sont redescendus sur Nancy. La course a pris ensuite la route de l'est à travers le massif° des Vosges pour finir à Strasbourg.

auditeur *listener*

ensoleillé *sunny*

auditoire *audience*

massif *low mountains*

---

[1] The ᐃ indicates an entry in the Cultural Index (pp.119-124).

Jacques Carrière: Remarquez, Marcel, que ces quatre premières étapes ne sont pas très difficiles. En général, c'est en montagne qu'on voit beaucoup de coureurs abandonner. Mais c'est là justement que Merckx, le Belge, réussit le mieux. Cette année et l'année dernière, pourtant, c'est Thévenet, notre champion, qui a porté le maillot jaune° dans les Alpes.

Marcel Coulons: C'est juste. Espérons qu'il va continuer. En tous cas, après Strasbourg-Besançon, les étapes sont devenues de plus en plus pénibles.° Après Besançon, les cyclistes ont passé la frontière pour la deuxième fois à Genève sur le beau Lac Léman. Puis, encore une fois, ils ont roulé au sud-ouest le long du Rhône vers Lyon. Les deux étapes suivantes, Lyon-Grenoble et Grenoble-Digne, gagnées du reste par Thévenet, ont été sans aucun doute les plus dures, les routes étant souvent en épingles à cheveux.° C'est vraiment un effort superbe de la part de tous les coureurs qui tiennent bon!°

Jacques Carrière: Oui, mais une fois dans les Alpes, la course descend au sud sur Cannes et la Méditerranée. Les pentes sont rapides mais dangereuses. Vous vous rappelez° le triste accident qu'a subi Henri Anglade en 1960, dans un tunnel, en dévalant° les Pyrénées. De Cannes, les coureurs ont longé° la mer en passant par Marseille et Montpellier. Comme on est en pleines vacances,

maillot jaune *yellow jersey worn by winner of previous leg(s)*

pénible *difficult*

épingles à cheveux *hairpin*

tenir bon *to keep at it*

vous...rappelez *you remember*

dévalant *descending*
longer *to go along*

c'est dans le Midi,° surtout sur la Côte d'Azur,ᐃ qu'on a vu le plus de spectateurs sur les routes.

Marcel Coulons: En passant, Jacques, n'oublions pas que Marseille est à peu près à mi-chemin° entre le point de départ et l'arrivée. Après Montpellier, les cyclistes sont montés dans le nord-ouest à Toulouse, puis au nord à Bordeaux, sans jamais atteindre° l'Atlantique. De l'embouchure° de la Garonne, enfin, c'est notre étape aujourd'hui, celle de Bordeaux-Limoges. Mais je ne vois aucun cycliste à l'horizon. Jacques, voulez-vous donc nous dire rapidement les étapes qui restent de ce magnifique Tour de France?

Jacques Carrière: Avec plaisir, Marcel. De Limoges les coureurs vont poursuivre leur route jusqu'au cœur de la région des châteaux de la Loire à Tours. Ensuite, il y a deux étapes, disons bretonnes, de Tours à Nantes et de Nantes à Saint-Malo. Après cela, le Tour continue son chemin non loin de la Manche, en Normandie, jusqu'au Havre. Enfin, ils vont à Arras avant de retourner à Paris, où la course s'arrête° cette fois sur la Place de L'Étoile-Charles de Gaulle, avant de défiler° au stade Roland Garros.

Marcel Coulons: En attendant l'arrivée du peloton,° Jacques, il faut rappeler, comme chaque année, qu'on ne peut malheureusement pas plaire à° tout le monde. Même le Tour a ses bornes.°

Midi	*south of France*
mi-chemin	*half-way*
atteindre	*to attain*
embouchure	*mouth (of a river)*
s'arrête	*stops*
défiler	*to parade*
peloton	*main group (of racers)*
plaire à	*to please*
bornes	*limits*

On dit que c'est dans le Massif Central cette année que bien des communautés° sont déçues.° Il y a toujours des... Mais, attendez, 5 attendez! J'entends du bruit....

communauté *community*
déçues *disappointed*

Jacques Carrière: Moi aussi. Et vous, Mesdames et Messieurs, vous pouvez, vous aussi, écouter les cris rythmiques de la foule: Pompez! Pompez!
10 Marcel Coulons: Les voilà! Ils arrivent! Et le premier coureur que je vois, c'est....

EXERCICES

I.

Complétez les phrases suivantes.

1. On dit que le Tour ne peut pas _____ à tout le monde.
2. Le gagnant des étapes porte _____ .
3. Si la pente est rapide, la descente est toujours _____ .
4. Marseille se trouve _____ entre le départ et l'arrivée du Tour.
5. Les deux étapes de Tours à Nantes et de Nantes à Saint-Malo s'appellent _____ .

II.

Quel mot ne convient pas dans chaque groupe? Pourquoi?

1. pente   course   massif   route
2. longer   suivre   quitter   descendre
3. dur   difficile   pénible   triste
4. belle   formidable magnifique superbe
5. poursuivre continuer   réussir   aller

III.

Trouvez un antonyme pour les verbes donnés.

1. oublier   _____
2. abandonner _____
3. quitter   _____
4. monter   _____
5. finir   _____

IV.

Répondez aux questions suivantes en regardant la carte.

1. Quels sont les fleuves (rivers) principaux de la France?
2. Où se trouvent les Pyrénées?
3. Quelle direction faut-il prendre pour aller du Bassin Parisien à l'embouchure du Rhône?
4. Quels pays (countries) sont à la frontière de la France à l'est?
5. Où est le Mont-Blanc?
6. Le Tour est-il passé dans les Pyrénées cette année?
7. Quel fleuve passe à Tours?
8. Où se trouve Bordeaux?
9. Quel pays se trouve à l'ouest du Luxembourg?
10. Quelles sont les frontières naturelles de la France?

V.

En vous rapportant au texte, répondez aux questions suivantes:

1. En tout, combien d'étapes y a-t-il dans ce Tour de France?
2. Dans quels pays étrangers les coureurs sont-ils allés?
3. Où la course devient-elle difficile?
4. Pourquoi est-ce qu'il y a beaucoup de spectateurs sur la Côte d'Azur?
5. Qu'est-ce qui signale l'arrivée du peloton?

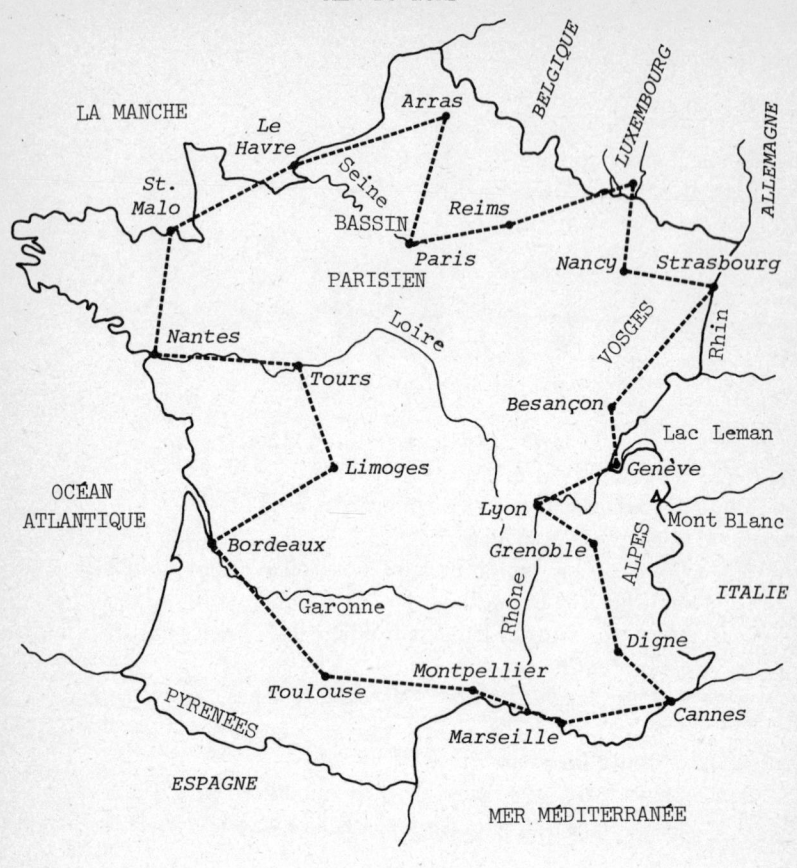

VI.

Votre point de vue

1. Aimez-vous faire de la bicyclette? Pourquoi?
2. Êtes-vous allé(e) dans un pays étranger? Lequel? Qu'en pensez-vous?
3. Vous allez faire un tour en auto. Dites où vous allez.

2

VOCABULAIRE À ÉTUDIER

la **diapositive** *slide*
voyager *to travel*
prêt *ready*
la **séance** *session*
le **pont** *bridge*
le **quartier** *city district*
le **mur** *wall*
épais *thick*
le **marché** *market*
le **début** *beginning*
grimper *to climb*
cueillir *to pick (fruits)*
la **colline** *hill*
montrer *to show*
habiter *to live*
le **gratte-ciel** *skyscraper*
le **toit** *roof*
l' **ouvrier** (m) *worker*
l' **ananas** (m) *pineapple*
le **sable** *sand*
plusieurs *several*

la **vague** *wave*
le **pied** *foot*
le **bâtiment** *building*
l' **église** (f) *church*
la **fleur** *flower*
le **voilier** *sailboat*
la **neige** *snow*
le **magasin** *store, shop*
le **quai** *wharf*
la **vue** *view*
l' **hiver** *winter*
la **glace** *ice*
le **paysage** *landscape*
le **nuage** *cloud*
le **bois** *wood*
le **champ** *field*
le **revenu** *income*
le **pays** *country*
   pauvre *poor*
   monter *to go up*
   créer *to create*
   vendre *to sell*

Le Monde francophone

À la Maison des Jeunes△ à Marseille, quelques jeunes gens de nationalités différentes sont venus un soir regarder des diapositives prises dans des pays
5 francophones△ où ils sont nés ou bien où ils ont voyagé. C'est le Français Damien qui fait marcher le projecteur.

Damien: Tout le monde est prêt? Bon, la séance commence. Aujourd'hui,
10 nous allons voir des diapos de l'Algérie, de la Côte d'Ivoire, de la Belgique et de la Suisse, du Canada et de la perle° des Antilles, la Martinique... ou la Guadeloupe... je ne sais pas...   perle   *pearl*
15 Berthe: Quoi? Et Haïti? C'est elle qui est la perle des Antilles!

Damien: Oh! Pardon. Je n'ai pas oublié Haïti, mais il faut dire qu'avec toutes ces perles, on peut presque en
20 faire un collier!°   collier   *necklace*

Monique: Ça suffit! Pas de disputes! Nous sommes là pour mieux nous connaître,° pas pour montrer notre   connaître   *to know*
chauvinisme...

Damien: Tu as raison. Alors, regardons
25 d'abord l'Algérie avec Farid.

Farid: Bien, merci, Damien. Je vais vous parler de Constantine, ma ville   ville natale   *city of birth*
natale.° Son site est unique: ses quatre ponts relient la ville ancienne
30 à la nouvelle, au-dessus du ravin du Rhumel, l'oued° qui contourne les   oued   *wadi*

vieux quartiers. Voilà un viaduc avec mon frère devant... Au fond° du ravin, la plus vieille mosquée de Constantine. Ici, des maisons berbères,° avec des murs épais et de petites fenêtres pour les protéger contre le froid et la chaleur... et le marché... une mosquée en ville...

Monique: Est-ce que toutes les femmes sont voilées° en Algérie?

Farid: Surtout dans les familles encore traditionnelles. Il y en a beaucoup encore à Constantine, mais moins à Alger. Avec la vue de la passerelle° Perregeaux au coucher du soleil, disons au revoir à Constantine pour aller dans le sud vers le Sahara. Sur la route, un troupeau de chèvres...° des nomades près de leurs tentes... des chameaux...° Et, dans le massif de l'Aurès, j'ai fait la visite fascinante d'une ville romaine, Timgad, complète avec forum, théâtre, temples de Jupiter et de Vénus,... Ici, nous sommes à Biskra, un oasis important au début du désert... Là, un petit oasis au milieu des palmiers...° C'est un dattier° sur lequel grimpe le garçon sur la photo, d'abord pour la pollinisation des dattes, et plus tard, pour les cueillir.

Damien: Et Alger, Alger la Blanche? Tu n'as pas de photos?

Farid: Mais si, voilà... une vue générale de la ville sur les collines... et le long de la mer... le port de plaisance... et enfin la Casbah!°

au fond *at the bottom*

berbère *first inhabitant of North Africa*

voilée *veiled*

passerelle *footbridge*

troupeau de chèvres *herd of goats*

chameaux *camels*

palmiers *palm trees*
dattier *date tree*

Casbah *Arab quarter of Algers*

Tous: Bravo! Formidable! Tes photos sont magnifiques!

Damien: ...mais tu n'en as pas beaucoup sur la capitale!

Farid: Mais mon vieux, Alger n'est pas l'Algérie, pas plus que Paris n'est la France!

Damien: Très juste. Eh bien, Hortense, à ton tour de nous montrer la Côte d'Ivoire.

Hortense: Je suis née à Bouaké, mais j'habite maintenant Abidjan. C'est une ville moderne, avec des routes d'accès à quatre voies.° J'ai pris tout ça du haut de l'Hôtel Ivoire, le plus moderne du pays, style américain. La ville est bâtie sur une lagune... Regardez les gratte-ciel de Fiat et d'Esso. De l'autre côté, c'est le quartier de Cocody, où est notre université et le stade... Ici, un vieux quartier devenu bidonville.° À côté, une nouvelle usine de conserves° et les petites habitations à toits rouges des ouvriers. Ah là, c'est une plantation d'ananas à l'intérieur du pays, où je suis allée avec mon demi-frère.

Gérard: Ton demi-frère?

Hortense: Oui, nous sommes musulmans, et mon père avait quatre femmes. Mais maintenant, la polygamie est interdite. ...Ici, une plage de sable blond, longue de plusieurs kilomètres... mais les vagues sont si hautes qu'on ne peut y faire que du surf, ou s'y tremper les pieds...

Monique: Il y fait chaud et humide?

voies *lanes*

bidonville *slum*
conserves *canned food*

LE MONDE FRANCOPHONE   15

Hortense: Oui, le climat est tropical et la saison des pluies est dure.

Damien: Merci pour tes photos qui font envie de visiter ton pays, Hortense. Maintenant, retournons à la bonne vieille Europe. Monique, c'est à toi.

Monique: Comme vous le savez, je suis belge, mais comme je suis allée en Suisse récemment, je vais vous montrer les deux pays. D'abord, Bruxelles. C'est un centre commercial, industriel et culturel. Voilà les bâtiments modernes du Marché commun. Et là, c'est la Grand'Place avec l'hôtel de ville° gothique qui date du 15ᵉ siècle. Le bâtiment là-bas, du 13ᵉ siècle, c'est la "maison du roi" ou Broodhuis, comme on dit en flamand.° Ah, me voilà devant une des guildes, c'est-à-dire une association de marchands et d'artisans qui date du moyen âge. À présent, nous sommes à Bruges, la Venise du nord avec ses canaux... N'est-ce pas que c'est joli? Ici, l'hôtel de ville du 14ᵉ ... là, le vieux marché de la laine ... À l'hôpital Saint-Jean, on peut voir des tableaux de fameux peintres flamands comme Bruegel, Jan van Eyck et bien d'autres. Voilà encore l'église Notre Dame du 12ᵉ. Voilà pour la Belgique... Maintenant, la Suisse! Sur le Lac Léman, c'est Genève... le lac vu de la Promenade... le Palais des Nations Unies au milieu d'un parc... il y a des fleurs et des jets d'eau° partout... Là, c'est

hôtel de ville *city hall*

flamand *Flemmish*

jets d'eau *fountains*

une fabrique d'horlogerie...° On trouve des horlogers° et des joailliers° partout. À Lausanne, voilà un chalet fleuri... des voiliers sur le lac... et le bateau à vapeur° pour Evian en France.

Farid: Magnifique! Mais... et les montagnes, où sont-elles?

Monique: Vous avez vu de petites près de Genève, mais les hautes montagnes avec de la neige éternelle sont plus loin, à l'est.

Damien: Félicitations, Monique, pour tes jolies diapos. Nous partons maintenant pour les Amériques. Paul, tu n'as pas dit un mot jusqu'à présent. Parle-nous du Canada!

Paul: OK. Je suis de Montréal, une grande ville typique du continent nord-américain. Voilà une rue importante du centre... des magasins... de grands hôtels... Sur le Mont-Royal, nous avons une belle cathédrale, mais pas aussi vieille que tes monuments, Monique. C'est une reproduction en miniature de Saint-Pierre de Rome et on y fait des pèlerinages.° Voilà l'université McGill, de langue anglaise. À présent, nous sommes sur les quais du port maritime, sur le Saint-Laurent. Les gros bateaux de commerce peuvent venir ici de l'Atlantique et continuer jusqu'aux grands lacs aux États-Unis par le canal du Saint-Laurent... vous voyez ici une écluse° sur le canal. Maintenant, traversons le pont en métro pour aller sur le site de l'Exposition

horlogerie *watch making*
horloger *watch maker*
joailler *jeweler*
bateau à vapeur *steam boat*

pèlerinage *pilgrimage*

écluse *lock (of a canal)*

LE MONDE FRANCOPHONE 17

Universelle de 1967. Voilà "Terre des Hommes", un des pavillons canadiens qu'on peut encore visiter aujourd'hui, et de là, une vue générale de la ville. Savez-vous, au fait, que le métro a été construit par des ingénieurs° français? Bon, de là, nous allons à Québec, la capitale de la Province. Elle est du reste plus petite que Montréal. C'est le Français Champlain qui l'a fondée, sur le Saint-Laurent aussi. On dit qu'elle est très française, avec ses petites rues, mais moi, je pense qu'elle est plutôt canadienne française. On peut y visiter un champ de bataille,° les plaines d'Abraham... et les fortifications. Vous voyez ici l'université Laval, de langue française. Du haut du Château Frontenac, un hôtel maintenant, admirez la vue sur le Saint-Laurent en hiver. Ici, quelques vues sur la baie° de Gaspé sur le golfe du Saint-Laurent. C'est un paysage sauvage, d'une beauté spéciale. Enfin, me voilà faisant du ski dans les Laurentides, au nord de Québec...

ingénieurs *engineers*

champ de bataille *battlefield*

baie *bay*

Monique: Là il fait froid. Quel changement des Tropiques!

Damien: Oui, mais c'est splendide! Et maintenant les Antilles, paradis des touristes. À toi, Gérard, de nous parler des beautés de la Martinique.

Gérard: D'accord. Je vais vous en montrer les principaux centres d'intérêt. Le plus connu est le domaine de la Pagerie où est née l'Impératrice Joséphine, femme de Napoléon. Il ne reste que les anciennes cuisines, converties en musée... la sucrerie... le moulin à cannes où on peut boire du rhum ou du coca-cola ou les deux... Le site le plus beau est sans doute la Montagne Pelée, le volcan dormant,° qui est malheureusement bien souvent enveloppé de nuages. En bas, sur la mer des Caraïbes, voilà Saint Pierre, la ville détruite par le volcan en 1902... son fort... sa cathédrale... son ossuaire...° et le petit musée. Le rocher du Diamant, pour lequel Français et Anglais se sont battus à mort, est également très beau. Il faut aussi voir la savane des pétrifications° sur la falaise de la Pointe d'Enfer. Tiens... voilà un morceau de bois sillicifié. Ici, c'est le château du pirate Dubuc... des arbres poussent sur les ruines... l'anse bien abritée, près de là, a facilité la contrebande du rhum et la traite des noirs. Les champs de cannes à sucre étaient tout près aussi.

Damien: Comment appelle-t-on les arbres rouges qu'on voit?

Gérard: Des flamboyants. Et... pour terminer, Fort-de-France, le centre politique du département. Voilà le port... le Fort Saint-Louis... la cathédrale... et sur la grande place, des poupées° en costume martiniquais multicolore.

Damien: Déjà fini, Gérard? Eh bien, à toi, Berthe, de nous parler de ton île!

dormant *inactive*

ossuaire *ossuary*

savane de pétrification
savanna of petrification

poupée *doll*

LE MONDE FRANCOPHONE 19

Berthe: Eh bien, je dois dire que Haïti n'est pas aussi populaire avec les touristes français que la Martinique ou la Guadeloupe. C'est dommage, car nous avons bien besoin de revenus° touristiques. Le pays est pauvre et surpeuplé.° Tenez, regardez la foule près du marché de fer à Port-au-Prince... près de la statue de Christophe Colomb sur le port... Voilà le Palais National tout blanc où réside Bébé Doc°... la cathédrale catholique... le casino... En montant sur les hauteurs, Pétionville et ses villas bourgeoises... et ses galeries d'art, car les Haïtiens sont très artistiques. Voilà quelques exemples du style primitif créé en Haïti. On y retrouve les cérémonies du Vaudou... les motifs religieux sur les murs de la cathédrale épiscopale... Et puis voilà des garçons qui vendent leurs bouquets de fleurs sur la route. Ne sont-ils pas aussi artistes dans leur genre? Et cette vue générale de Port-au-Prince, prise de la montagne, n'est-ce pas magnifique?

Tous: Oh! Bravo! Bravo!

Berthe: Finalement, quelques photos du château de Sans-Souci et de la Citadelle, où on monte à dos° de mule. C'est le roi Christophe qui les a faits construire, le premier, comme son palais, et le deuxième, comme fort de défense contre une invasion possible des Français, vers 1804. C'est vraiment la septième merveille du monde!

revenus *income*
surpeuplé *overpopulated*

Bébé Doc *Duvallier's son, President of Haïti*

à dos *on the back*

Tous: Oh là là! Oh là là!
Berthe: Mais elle n'a jamais° servi!   jamais *never*
(Elle rit.)
Damien: Tant mieux pour tout le monde! Merci donc à toi, Berthe et à tous nos photographes. Grâce à vous, ce soir, nous avons fait un tour du monde fantastique.... et pour pas très cher!

EXERCICES

I.

Trouvez les antonymes des mots suivants.

1. au fond _____
2. devant _____
3. nouvelle _____
4. chaleur _____
5. détruit _____

II.

Remplissez les blancs avec le mot approprié.

1. Le garçon _____ sur le dattier.
2. Il y a beaucoup de _____ sur le Rhumel.
3. Beaucoup de _____ sont voilées en Algérie.
4. En Martinique, il y a des _____ de cannes à sucre.
5. Bruegel est un fameux peintre _____ .
6. Montréal est sur le continent _____ .
7. Les flamboyants sont des _____ en Martinique.
8. Haïti a besoin de _____ touristiques.
9. Paul _____ Montréal.
10. Le Marché commun a des _____ modernes.

III.

D'après le texte, trouvez un adjectif convenable pour les noms suivants.

1. une ville _____
2. un _____ quartier
3. un paysage _____
4. un climat _____
5. un mur _____
6. une vue _____
7. une photo _____
8. un pays _____

IV.

Répondez aux questions suivantes, d'après le texte.

1. Où est né Farid? Comment est sa ville?
2. Comment sont les maisons berbères?
3. Où sont les oasis? Qu'est-ce qui y pousse?
4. Décrivez la ville d'Abidjan.
5. Quel est le climat de la Côte d'Ivoire?
6. Quelles langues parle-t-on en Belgique?
7. Comment appelle-t-on Bruges? Pourquoi?
8. Qu'est-ce qu'il y a partout à Genève?
9. Où sont les hautes montagnes en Suisse?
10. D'où vient le Saint-Laurent? Où va-t-il?
11. Qui a fondé Québec? La ville est-elle française?
12. Qui est né en Martinique? Où se trouve la Martinique?
13. Pourquoi la contrebande était-elle facile en Martinique?
14. Comment savons-nous que les Haïtiens sont artistiques?
15. Par qui et pourquoi la Citadelle a-t-elle été construite?

V.

Votre point de vue.

1. Où êtes-vous né(e)?
2. Comment est votre maison?
3. Décrivez le climat de votre région.
4. Quelles langues parlez-vous? Sous quelles circonstances avez-vous appris ces langues?
5. Décrivez votre ville ou village.

II. Les Institutions et les gens

3

VOCABULAIRE À ÉTUDIER

le **discours** *speech*
agricole *agricultural*
le **fermier** *farmer*
cher *dear*
négliger *to neglect*
seul *alone*
souffrir *to suffer*
ressentir *to feel*
le **prix** *price*
élevé *high*
assez *sufficiently*
le **rang** *rank*
mondial *world-wide*
le **légume** *vegetable*
la **viande** *meat*
ralentir *to slow down*
l' **année** (f) *year*
faire la concurrence (à) *to compete (with)*
le **voisin** *neighbor*
l' **usine** (f) *factory*
jouer *to play*

le	**camion**	*truck*
le	**beurre**	*butter*
	moyen	*average*
	inutile	*useless*
	moins de	*less than*
la	**terre**	*land*
la	**campagne**	*rural part of country*
	enseigner	*to teach*
le	**renseignement**	*information*
le	**fromage**	*cheese*
la	**pomme**	*apple*
l'	**escargot** (m)	*snail*
la	**vente**	*sale*
se	**rappeler**	*remember*

Discours sur l'économie française

À l'occasion de sa visite dans une petite ville agricole de la région parisienne, le député° du département▲ a prononcé le discours suivant sur l'état actuel de l'économie française devant un groupe de petits fermiers de la région:

Mes chers concitoyens,°

Si je suis ici aujourd'hui, c'est que j'ai tenu à° vous assurer que le gouvernement ne néglige pas vos problèmes et que nous faisons tout notre possible pour améliorer votre situation. Si cela peut vous consoler, la France n'est pas la seule à souffrir de la crise économique actuelle. Même les grandes puissances mondiales ressentent les effets de l'inflation, des prix élevés du pétrole et des problèmes de production. Dans la crise générale, la France est tout de même dans une situation assez privilégiée, grâce aux ressources naturelles qu'elle possède.

Faisons le point. Pour la production agricole, nous nous plaçons au premier rang en Europe Occidentale. Nous vendons plus de blé° au Marché commun▲ que tous les autres pays participants. Les régions de la Bourgogne, la Champagne et Bordeaux, etc... fournissent° 30% de la production mondiale des vins. La région de Paris,

député *deputy*

concitoyen *fellow-citizen*

tenir à *to want to*

blé *wheat*

fournir *to furnish*

27

c'est-à-dire vous, et la vallée du Rhône
cultivent suffisamment de fruits et de
légumes pour satisfaire les besoins de la
population française. Nos exportations
de viande, surtout dans l'Europe de
l'Est, sont en hausse.° En fait, en 1974,
l'agriculture rapportait à l'État le
cinquième de ses revenus en devises
étrangères,° chiffre qui va doubler en
1980.

    Cependant les années de sécheresse,°
et spécialement 1976, ont ralenti
l'augmentation de nos exportations. Le
maïs° et la betterave à sucre° ont
particulièrement souffert. Pour nous
permettre de garder une certaine indé-
pendence économique, il nous faut
donc exploiter toutes nos ressources
énergétiques. Nos progrès en énergie
nucléaire sont spectaculaires, et on
peut dire que c'est un développement
purement français. Des centrales, comme
celle de Chinon, non loin d'ici,
fonctionnent déjà. Nous espérons que,
malgré l'opposition locale, notre
première centrale surrégénératrice,
Super-Phénix, dans l'Isère, va suivre
dans un prochain avenir. Mais ce n'est
pas tout, vous le savez. Nous avons
besoin d'autres sources d'énergie. Or,
si le pétrole est rare en France (nous
n'avons guère que Péchelbronn en
Alsace et Lacq dans les Pyrénées comme
ressources), par contre, notre réseau
important de centrales thermales et de
centrales hydrauliques rétablissent
l'équilibre quant à la production
d'électricité. De plus, nous avons les
mines de charbon° du nord, du Creusot

en hausse   *on the rise*

devises étrangères
  foreign currency

sécheresse   *drought*

maïs   *corn*
betterave à sucre
  sugar beet

charbon   *coal*

et de Saint-Étienne. Mais là encore, la sécheresse imprévue° a démontré qu'en cas d'urgence,° la capacité de production de l'E.d.f.° en électricité hydraulique
arrivait à ses limites. Le gouvernement a alors reconnu° l'importance d'une exploitation plus intensive et plus contrôlée de l'eau souterraine° et a pris les mesures nécessaires. Ces recherches
vont bénéficier l'agriculture également.

Dans le domaine industriel, pour faire concurrence à nos voisins, nous devons intensifier et diversifier notre industrie. Là encore, le Bassin Parisien est un
centre commercial important. 20% de la population industrielle de la nation y réside et tous les secteurs y sont représentés. Je ne veux pas minimiser l'importance des usines textiles,
sidérurgiques,° chimiques et alimentaires des autres régions. Je veux simplement vous rappeler qu'une grande partie de l'industrie mécanique, comme la construction automobile (usines Renault,
Citroën, Simca et Peugeot) qui joue un rôle essentiel dans notre économie, se trouve concentrée autour de Paris, sauf les camions Berliet qui sont à Lyon.

Si je vous présente ce tableau général,
ce n'est pas pour minimiser vos problèmes, croyez-moi. Nous sommes passés par beaucoup de crises pendant notre longue histoire. Nous allons nous en sortir à nouveau.° Malheureusement,
trop souvent les petits fermiers comme vous ont souffert le plus. Mais, depuis la Deuxième guerre, le gouvernement fait des efforts pour vous assurer votre

imprévue	*unexpected*
cas d'urgence	*emergency*
E.D.F.	*the national electrical company*
reconnu	*recognized*
souterrain	*underground*
sidérugique	*iron*
à nouveau	*again*

DISCOURS SUR L'ÉCONOMIE FRANÇAISE   29

part dans le développement du pays.

Seule une planification agricole peut régler les grands problèmes de surplus (céréales, beurre, par exemple), éliminer
5 les productions inutiles et améliorer° les moyens de communications. Nous essayons aussi de réviser notre réseau de distribution qui est inefficace et coûteux,° qui favorise les intermédiaires.
10 Nous essayons d'améliorer notre système de transports, si encombré° que la distribution devient de plus en plus compliquée.

De votre côté, le progrès et les innova-
15 tions sont sans doute les meilleures solutions. Je sais qu'il est difficile de renoncer aux habitudes traditionnelles et qu'il est difficile d'acquérir° des machines agricoles modernes quand on
20 cultive moins de 30 hectares▲ de terre. C'est pourquoi les petits cultivateurs survivent difficilement!

Quelles solutions offrons-nous donc pour remédier à vos problèmes? Tout
25 d'abord, un meilleur rendement° de la terre: le gouvernement a envoyé de nombreux délégués dans les campagnes pour enseigner aux agriculteurs à tirer meilleur profit de leurs terres. Consultez-
30 les...

Ensuite, le gouvernement vous offre des conditions avantageuses de prêts.° Le Crédit Agricole, ici, a tous les renseignements nécessaires et peut vous
35 conseiller dans votre situation particulière.

Enfin, je vous propose d'étudier la question des produits agro-alimentaires. Je vous donne des exemples: la France

améliorer	*to better*
coûteux	*expensive*
encombré	*crowded*
acquérir	*to acquire*
rendement	*yield*
prêts	*loans*

exporte des produits alimentaires comme le champagne, les truffes,° le foie gras et les fromages, les pommes et les abricots. Mais pour la célèbre moutarde française, il faut importer les graines du Canada! Quant aux escargots, ils viennent de l'Europe de l'Est, parce que personne ici ne veut plus se baisser° pour les ramasser. Du coup, leurs prix sont trop élevés sur les marchés mondiaux. Pour ce qui est de nos fromages, nous n'en exportons que 18% de notre production, alors que nous en avons plus de 300 sortes!!! La Hollande, elle, en exporte 56%. Alors, n'y a-t-il pas là pour vous de nouveaux débouchés° dans les ventes de produits qui ne sont pas simplement agricoles, à l'état brut, mais agro-alimentaires... à des prix compétitifs?
Songez-y, et rappelez-vous que votre coopération avec l'État et votre contribution au bien-être général des Français sont essentielles. L'économie de la nation dépend de vous tous.

Je vous remercie.

truffes *truffles*

se baisser *to bend down*

débouché *outlet*

EXERCICES

I.

Complétez les phrases suivantes.

1. Le député s'adresse aux petits _____ .
2. Les plus grandes _____ du monde ressentent les effets de l'inflation.
3. La France fournit 30% de la production mondiale des _____ .
4. La France fournit beaucoup de _____ au _____ .
5. Le _____ est rare en France.
6. Pour faire _____ aux autres pays, il faut intensifier _____ .

II.

Trouvez un mot de la même famille que les mots suivants.

1. cultiver
2. l'industrie
3. énergie
4. exporter
5. vendre
6. monde
7. agricole
8. économie

III.

Utilisez chaque expression suivante dans une phrase originale.

1. la campagne
2. fournir
3. le voisin
4. le bien-être
5. survivre
6. coûteux

IV.

Répondez aux questions suivantes.

1. Sur quoi le député fait-il un discours?
2. À qui parle-t-il?
3. Pourquoi la France se trouve-t-elle dans une position économique privilégiée?
4. Quelles sont les principales ressources agricoles de la France?
5. Nommez quelques industries françaises.
6. Quel est le plus grand centre industriel de la France?
7. Pourquoi les petits fermiers ont-ils de la difficulté à survivre?
8. Quelles solutions concrètes le député propose-t-il?
9. Quelle aide le gouvernement offre-t-il?
10. Citez quelques exportations françaises.

V.

Votre point de vue.

1. Quelles sont les principales ressources agricoles de votre région?
2. Quelles industries y a-t-il dans votre région? Décrivez une de ces industries.
3. Vos revenus personnels sont-ils élevés? En êtes-vous content(e)?
4. Qui a de la difficulté à survivre dans votre pays? Que peut-on faire pour améliorer leur condition?

4

VOCABULAIRE À ÉTUDIER

    compter   *to count*
le **passé**   *past*
    juste   *fair*
la **façon**   *way, manner*
    lourd   *heavy*
le **bonheur**   *happiness*
se **trouver**   *to find oneself*
    à cause de   *because*
le **siècle**   *century*
    actuel   *present*
    prévoir   *to foresee*
    dernier   *last*
la **guerre**   *war*
la **banlieue**   *suburbs*
    concevoir   *conceive*
    créer   *to create*
le **maire**   *mayor*
    se rendre compte (de)   *to realize*
    rire   *to laugh*
le **poisson**   *fish*

    frais   *fresh*
s' **établir**   *to establish oneself*
   suivant   *following*
   bien sûr   *of course*
l' **avenir** (m)   *future*
   selon   *according to*
   éviter   *to avoid*
l' **immeuble** (m)   *apartment building*
le **sens unique**   *one-way street*

L'Aménagement du territoire en France

(Discussion: un urbaniste et deux étudiants en architecture)

Urbaniste: Ça me fait plaisir de pouvoir discuter avec vous de l'aménagement du territoire° en France. Nous avons encore beaucoup de problèmes dans le domaine° de l'urbanisme et nous comptons sur les futurs architectes comme vous, jeunes gens, pour nous aider.

aménagement... territoire *rural planning system*
domaine *area*

Étudiant: Je crois, Monsieur, que la plus grande difficulté vient du fait que les urbanistes n'ont pas suffisamment défini les problèmes dans le passé.

Urbaniste: Peut-être votre critique n'est-elle pas entièrement juste. Vous êtes jeune, idéaliste sans doute... C'est très bien, mais il faut aussi voir les choses d'une façon réaliste. Les urbanistes d'aujourd'hui sont responsables non seulement de l'utilisation efficace° de l'espace,° mais aussi du confort et du bonheur de la population. C'est une lourde charge!

efficace *efficient*
espace *space*

Étudiante: Est-ce que nos problèmes ne sont pas surtout historiques? Après tout, la France se trouve dans une situation unique à cause de son orientation agricole.

Urbaniste: En effet, c'est un des côtés du problème. Nous vivons dans un pays qui était essentiellement agricole jusqu'à la fin du 19ᵉ siècle. Il n'y avait donc pas le problème actuel des grands centres urbains. L'idée de la planification△ n'existait pas à cette époque.°

époque   *era, period*

Étudiant: Et l'administrateur Haussman?△ Vers la fin du 19ᵉ, il a bien modernisé la ville de Paris! Nous lui devons les belles perspectives des Champs-Élysées et du pont Alexandre III avec les Invalides au fond, ainsi que les espaces verts du Bois de Boulogne.

Étudiante: Oui, mais il voulait embellir° la ville, c'est tout. Il ne prévoyait pas la surpopulation° du 20ᵉ siècle.

embellir   *to beautify*
surpopulation   *over-population*

Étudiant: Justement. Et cette attitude insouciante° a continué jusqu'à la dernière guerre!

insouciant   *uncaring*

Urbaniste: Revenons à l'histoire. Quand l'industrialisation est venue, la population a émigré dans les villes. Il n'y avait pas assez d'habitations pour tout le monde. Résultat: des constructions spontanées comme la "Muraille de Chine",°△ comme l'appellent les habitants de Saint-Étienne et les H.L.M.°△ hideux qui défigurent les banlieues. De plus, les moyens de transport,° les écoles, les centres commerciaux et les espaces verts ont souvent été conçus sans planning.

muraille de Chine   *China Wall*
H.L.M.   *low-income housing*
moyen ... transports   *means of transportation*

Étudiante: Il a même fallu créer sept nouveaux départements dans la grande banlieue de Paris. Et maintenant, Paris a enfin un maire!△

Urbaniste: Oui, et c'est un bien. Vous vous rendez donc compte qu'on essaie d'améliorer° la situation. Ainsi, après la Deuxième guerre mondiale,^ on a reconstruit et réurbanisé les villes bombardées comme Le Havre, Rouen, Boulogne, etc. Mais Paris, où le pouvoir gouvernemental et adminstratif est encore centralisé, reste le problème le plus grave...

améliorer   *to better*

Étudiante: En parlant de centralisation, ça me fait rire de penser qu'il y a seulement quelques années, les légumes et les poissons frais arrivaient la nuit de Bretagne aux Halles,° en plein centre de Paris. Mais les produits qui n'y étaient pas vendus repartaient l'après-midi suivant en Bretagne. Quel gâchis!° Paris ne mangeait que du frais...

Halles   *old central market of Paris*

quel gâchis   *what a waste*

Urbaniste: ...Et ça ne faisait pas le bonheur des Bretons! Pour en revenir à mon deuxième argument historique, la centralisation dans la capitale, je sais bien que le gouvernement fait des efforts de ce côté-là, comme vous l'avez remarqué tout à l'heure, Mademoiselle. Mais la ville est surpeuplée et ses habitants refusent d'aller s'établir dans d'autres villes. Vous rendez-vous compte qu'il y a une densité de 360 000 habitants au kilomètre carré à Paris et seulement de 100 000 à New York? Alors, que faire?

Étudiant: La meilleure solution est de développer les villes de province comme Lyon, Marseille, Bordeaux et

Lille. Elles vont être obligées de rivaliser avec Paris du point de vue industriel et culturel pour attirer les gens dans l'avenir.

5 Étudiante: Ce n'est qu'un début.

Urbaniste: Bien sûr! Nous pouvons aussi construire de nouveaux centres urbains, en plus de reconstruire les vieux. Mais quelles vont être nos
10 priorités?

Étudiant: À mon avis, il y a trois principes à considérer: isoler les régions où le développement urbain est impossible, ensuite sauvegarder°   sauvegarder   *to save*
15 les terres bonnes à la culture et à l'élevage, et, finalement, développer le reste de l'espace selon des plans précis, en prévision du 21e siècle...

Urbaniste: Tout cela est bien beau,
20 mais selon quels principes va-t-on établir ces plans?

Étudiante: D'abord, il faut laisser tout espace libre ouvert aux modifications de l'avenir...

25 Étudiant: ...et puis tenir compte de la densité et de la mobilité de la population...

Étudiante: ...et éviter le gaspillage°   gaspillage   *waste*
de l'énergie, de la vie humaine et
30 des ressources de la terre.

Urbaniste: Je vois que vous avez bien compris la situation. Je pense qu'il faut aussi continuer à analyser et à tirer profit des expériences comme,
35 à Marseille, l'Unité d'habitation de Le Corbusier, avec ses services collectifs et sa rue marchande au   marchande   *with stores*
sein° de l'immeuble. Nous savons que   au sein de   *in the heart of*

le zoning a du bon, mais qu'il a souvent créé une sorte de ségrégation dans les Cités-satellites, en limitant la mobilité sociale. Il faut étudier les nouveaux projets, comme la nouvelle ville de Vélizy-Villacoublay, "ville-pour-l'auto", qui se donne comme modèle du transport rapide. C'est une ville entièrement à sens uniques. Êtes-vous allés voir le Quartier de la Défense, dans la banlieue de Paris? Les véhicules peuvent seulement circuler aux niveaux souterrains.° Et puis, il y a aussi les rues piétonnes° de Lyon et d'ailleurs...

Étudiant: En résumé, on peut dire que l'urbaniste de demain est obligé de prévoir les questions économiques, écologiques et politiques de demain et d'être en même temps bon psychologue.

Urbaniste: C'est vrai, car son but principal est de contribuer au bien-être général.

Étudiante: Malheureusement, il faut beaucoup d'argent pour réaliser tous ces projets. Voilà peut-être le problème le plus immédiat! Comme toujours!

niveau souterrain *underground level*

piétonnes *pedestrian*

EXERCICES

I.

Utilisez chacune des expressions suivantes dans une phrase originale.

1. je crois
2. il faut
3. je sais bien
4. tenir compte de
5. faire des efforts
6. selon

II.

Trouvez les adjectifs qui correspondent à chacun des substantifs suivants.

1. agriculture
2. bonheur
3. architecture
4. difficulté
5. idéalisme
6. efficacité
7. commerce
8. culture

III.

Mettez les phrases suivantes au passé composé.

1. Il tient compte du confort de la population.
2. Ça ne suffit plus.
3. Les architectes aident les urbanistes.
4. Nous embellissons la ville.
5. Fait-elle beaucoup d'efforts?
6. Il faut décentraliser le pays.
7. J'essaie d'analyser la situation.
8. Les voitures peuvent circuler aux niveaux souterrains.

IV.

Répondez aux questions suivantes.

1. Qu'est-ce que c'est que l'aménagement du territoire?
2. Quel est le rôle des urbanistes?
3. Pourquoi la France se trouve-t-elle dans une situation unique?
4. Qui est Haussmann, et qu'est-ce qu'il a fait?
5. Pourquoi est-ce que les banlieues à constructions spontanées posent des problèmes?
6. Que faut-il faire pour encourager les Parisiens à s'établir dans d'autres villes?
7. Quelles sont les priorités des urbanistes?
8. Selon quels principes est-ce qu'il faut établir des plans de construction?
9. Pourquoi faut-il être psychologue pour être urbaniste?
10. Discutez un problème urbain aux États-Unis.

VI.

Décidez si les idées suivantes sont vraies ou fausses.

1. Les architectes jouent un rôle important dans le développement urbain.
2. Les problèmes de l'urbanisme en France n'ont aucun rapport avec l'histoire.
3. La France était un pays essentiellement industriel.
4. L'urbanisation n'est pas un problème politique.
5. Paris est surpeuplé.
6. La planification est un concept qui a de l'avenir.

V.

Votre point de vue.

1. Faites-vous des projets à l'avance? Pour vos vacances? Pour vos études? Pour vos compositions?
2. Habitez-vous la ville ou la campagne? Qu'est-ce que vous préférez? Pourquoi?
3. Vous êtes architecte ou urbaniste. Quelle ville ou quelle région voulez-vous planifier? Pourquoi? Faites le plan de votre ville idéale.

5

VOCABULAIRE À ÉTUDIER

le **mari** *husband*
poser *to ask*
la **bonne humeur** *good mood*
sauf *except for*
avouer *to admit*
moyen *average*
mener *to lead*
attendre *to wait*
le **colis** *package*
chacun *each one*
rater *to miss*
se **plaindre** *to complain*
remplir *to fill*
garder *to keep*
l' **allumette** (f) *match*
renoncer *to give up*
le **poids** *weight*
les **affaires** *business*
gratuit *free*
le **choix** *choice*
vrai *true*

le	**foyer**	*home*
l'	**allocation** (f)	*allotment*
la	**naissance**	*birth*
le	**congé**	*paid vacation*
	au moins	*at least*
les	**frais**	*cost*
le	**patron**	*boss*
se	**plaindre**	*to complain*
les	**impôts**	*taxes*
l'	**étranger** (m)	*foreigner*

Conversation sur la bureaucratie en France

Madame de..., membre de la "bonne société" française à Paris, a invité à dîner un ami de son mari, qui est professeur à l'E.n.a.[a] Les enfants en profitent pour lui poser des questions, après dîner, au moment du café et des liqueurs.

Hubert: Monsieur, vous venez de parler de la complexité et des lenteurs° de la bureaucratie. Est-ce pour cela que les fonctionnaires° sont si souvent désagréables?

Professeur: C'est vrai que les employés civils ne sont pas toujours de bonne humeur... sauf les professeurs, bien entendu!

Dianne: Mais pourquoi? D'un côté, on les respecte et de l'autre, leur poste est permanent!

Professeur: Ils ont trop de travail et il faut avouer que la rémunération° des fonctionnaires moyens n'est pas très élevée. La sécurité du travail ne mène pas forcément à la bonne humeur.

Mme de...: À propos de lenteurs! Il a fallu que j'attende trois heures à la poste ce matin pour expédier un colis. C'est tout de même un malheur!

Professeur: Je sais... je sais... Je comprends votre impatience, Madame.

lenteur *slowness*

fonctionnaires *civil employees*

rémunération *salary*

C'est la structure sociale française qui est responsable de cette lenteur. Vous connaissez le proverbe: "Une place pour chaque chose et chaque chose à sa place"?[1] Eh bien, de même que chaque bibelot° chez vous a sa place assignée, chaque employé de la Poste ou d'autres organismes d'État a ses responsabilités bien définies. S'il a à prendre une décision qui sort de son domaine, il va s'adresser à son supérieur immédiat, et ça prend du temps. Naturellement, cela ne s'applique pas aux hauts fonctionnaires comme votre mari.

bibelot   *knick-knack*

Hubert: Alors, c'est que le système est trop hiérarchisé!

Monsieur de...: Peut-être, mais ne préférez-vous pas que chacun tienne sa place? Vous avez chacun votre place dans la société, j'en ai une moi-même. Ces gens-là connaissent leur place et ils y restent, "Tout est donc pour le mieux dans le meilleur des mondes",[2] comme disait Candide.

Professeur: Et pourtant, savez-vous que la bureaucratie est responsable de certains de nos avantages sociaux?

Dianne: Quels avantages? En France, l'État contrôle tout: les P.T.T.,▲ la S.n.c.f.,▲ la police et même la plupart des banques...

Monsieur de...: Oui, mais ça marche! Par exemple, tu sais bien, Mathilde,

---

[1] "A place for everything and everything in its place."
[2] "Everything is for the best in the best of all worlds." Quotation from *Candide* by Voltaire (18th century writer). Candide is the supreme example of optimism.

que ton colis va arriver demain...
Et dimanche dernier, ton train pour
Strasbourg est parti à l'heure exacte,
n'est-ce pas, Dianne? C'est pour ça
5 que tu l'as raté!
Professeur: Et votre banque, cher ami,
la B.N.P.,^ elle n'est pas près de faire
faillite!° Vous n'êtes pas d'accord?   faire faillite *to go bankrupt*
Monsieur de...: Mais si, cela va de soi!
10 À moins que la France ne fasse faillite!
De même que, si nous nous plai-
gnons d'avoir à renouveler notre
carte d'identité tous les cinq ans et
d'avoir à la montrer et à remplir
15 une petite fiche chaque fois que nous
descendons à l'hôtel, c'est bien pour
notre protection. La police, qui
garde ces fiches, peut retrouver
n'importe où en France, aussi bien le
20 criminel que l'innocent qui est devenu
amnésiaque!
Madame de...: Et toi, Hubert, n'as-tu
pas envoyé un pneu^ ce matin à ta
fiancée à Neuilly? Elle t'as du reste
25 déjà répondu.
Hubert: Oui, mais ça, je l'ai fait parce
que le téléphone ne marchait pas!
Monsieur de...: Ah, ça, alors, c'est une
autre histoire! Mais le gouvernement
30 nous a promis un service téléphonique
complètement automatisé en 1982.
Hubert: Est-ce qu'il va encore falloir
être sur une liste d'attente° de deux   liste d'attente
ans pour obtenir un nouveau   *waiting list*
35 téléphone jusqu'en 1982?
Professeur: Je ne pense pas. Du reste,
maintenant, si on achète un nouvel
appartement, il vient avec l'installa-

CONVERSATION SUR LA BUREAUCRATIE EN FRANCE   49

tion téléphonique. Alors, vous voyez!
Hubert: Eh bien, c'est un progrès! Mais, revenons aux contrôles de l'État. Les industries essentielles, le charbon,° le gaz, les usines Renault, Air France, l'industrie du tabac et... des allumettes, l'économie même du pays, tout est nationalisé... et régularisé jusqu'au prix du blé!°

charbon *coal*

blé *wheat*

Monsieur de....: Pour ça, historiquement, le gouvernement a toujours fixé le prix du blé pour s'assurer que tous les Français aient du pain à manger tous les jours...
Professeur: Vous avez raison, Hubert, le gouvernement est l'employeur le plus important en France, probablement des deux tiers des salariés... Mais la nouvelle politique de décentralisation, de Plans économiques, de planification, des emprunts° possibles pour les gens qui veulent s'installer ailleurs et commencer une nouvelle industrie, montre bien que l'État est prêt à renoncer au poids de conduire les affaires des Français.

emprunt *loan*

Monsieur de....: N'avez-vous pas peur que cette nouvelle politique n'amène une bureaucratie encore plus compliquée?
Professeur: Hélas! Notre démocratie n'est pas parfaite. Nous construisons toujours sur le passé... Mais, prenez notre système judiciaire, il a fait d'immenses progrès depuis Napoléon! Le code civil qui date de 1804 et qui déclarait pour la première fois que

50 CINQ

tous les hommes étaient égaux devant la Loi, a été constamment modifié et inclut maintenant les mêmes droits° pour la femme. Et n'oublions   droits   *rights*
5 pas l'Éducation Nationale...
Dianne: Bravo pour la liberté et l'égalité civiles. Mais pour quoi mentionner l'enseignement? Il n'a guère changé... même après la révolution
10 de Mai, 1968.^△
Professeur: Pour la bonne raison qu'il illustre bien les avantages de notre système. L'enseignement est gratuit et ouvert à tout le monde, de la
15 onzième,^△ en primaire, en secondaire et à l'université. Toutes les écoles suivent les mêmes programmes, selon le genre d'études, bien sûr, classique, technique ou autres, ce qui assure à
20 tout le monde des droits égaux à une éducation de leur choix. Vous en bénéficiez vous-même, Mademoiselle... et il y a eu des changements...
Monsieur de...: Il y a tout de même
25 du bon dans la bureaucratie! C'est une institution stable qui continue à fonctionner même pendant les changements de gouvernement, les crises politiques et économiques...
30 ce qui était fort utile pendant la 4e République...^△
Dianne: Maintenant, parlons de la Sécurité Sociale. N'est-ce pas vrai qu'elle favorise la mère de famille?
35 Professeur: Sans aucun doute. D'abord, on estime que le travail à la maison est un vrai travail. Donc, la femme au foyer reçoit une allocation.^△ Il y

CONVERSATION SUR LA BUREAUCRATIE EN FRANCE   51

a peu de pays où cela se fait, croyez-moi!

Madame de...: Et puis, les familles reçoivent des allocations familiales, une après chaque enfant à partir du second. Il y a aussi une allocation à la maternité. Les crèches° et les écoles maternelles° sont gratuites. Cela permet aux Françaises qui le désirent, d'exercer une profession sans avoir à payer la garde des enfants.

<small>crèche *day-care center*
école maternelle *nursery school*</small>

Monsieur de...: Tout cela remonte à la période tout de suite après la guerre, quand la France était descendue de 45 000 à 42 000 habitants. On a donc voulu encourager les naissances pour repeupler le pays, et les allocations étaient encore plus généreuses que maintenant.

Professeur: Enfin, de tous les bénéfices, les plus avantageux: tous les salariés ont droit à des congés payés d'au moins quatre semaines, et la Sécurité Sociale nous rembourse la plus grande partie de nos frais médicaux...

Dianne: Oui, mais quelles paperasseries° pour les obtenir!... et qui paie tout ça?

<small>paperasserie *paper work*</small>

Professeur: Le salarié contribue environ 6% de son salaire et son salaire et son patron, environ 10%.

Dianne: Ce n'est pas mal... Alors, pourquoi diable est-ce que nous nous plaignons tout le temps?

Professeur: Oh, vous savez, on se plaint toujours, on aime critiquer... on dit: "Vous savez ce qu'ILS viennent de faire? ILS ont encore augmenté les impôts...". Et ILS, qui est-ce? C'est le gouvernement. C'est nous. Alors, on aime écouter les chansonniers,° lire le Canard Enchaîné,° qui satirisent le gouvernement, les Français et la France, mais bien sûr, on ne peut souffrir qu'un étranger le fasse!

Mme de...: Et après tout, n'est-ce pas qu'on est bien en France?

chansonnier *song writer of satirical songs*
Canard Enchaîné *newspaper writing satirical comments on the government*

EXERCICES

I.

Écrivez des phrases en employant l'expression "il faut" avec les verbes suivants (+ le subjonctif ou l'infinitif).

1. être
2. faire
3. essayer
4. pouvoir
5. venir
6. attendre
7. savoir
8. montrer

II.

Complétez les phrases suivantes par le mot ou les mots convenables.

1. La bureaucratie en France est _____, mais elle a _____ .
2. En France, l'enseignement est _____ ,
3. L'État emploie les _____ des salariés en France.
4. La poste _____, mais le téléphone ne _____ bien.
5. Le gouvernement _____ le prix du _____ chaque année.
6. Le code _____ a déclaré tous les _____ égaux devant la Loi.
7. À la poste, on envoie des _____ et des _____ .
8. Après dîner, on prend _____ et _____ .
9. Les Français ont 4 semaines de _____ par an.
10. Il y a une place pour chaque _____ .

III.

Donnez les antonymes des mots suivants.

1. agréable
2. patience
3. centralisation
4. facile

5. heureusement
6. inutile
7. emprunt
8. désavantage

IV.

Répondez aux questions suivantes.

1. Pourquoi est-ce que le fonctionnaire n'est pas toujours de bonne humeur?
2. Que fait Madame de... à la poste?
3. Nommez des organismes officiels et quelques industries contrôlées par l'État en France.
4. Que fait l'employé de la poste s'il a un problème?
5. Comment marchent les trains en France?
6. Quels avantages est-ce que le système de la Sécurité Sociale offre aux familles françaises?
7. Est-ce que la B.N.P. va faire faillite? Pourquoi?
8. Pourquoi le gouvernement fixe-t-il le prix du blé?

V.

Décidez si les phrases suivantes sont vraies ou fausses.

1. Les employés civils sont bien payés en France.
2. Les professeurs d'université sont indépendants du gouvernement en France.
3. La carte d'identité est nécessaire en France.
4. La Sécurité Sociale ne rembourse pas les femmes pour leur travail à la maison.
5. Les Français acceptent tout ce que le gouvernement fait pour eux.

VI.

Votre point de vue.

1. L'enseignement est-il gratuit dans votre université? Expliquez.
2. Est-ce que vous voulez travailler pour le gouvernement? Dans quelle fonction? Quelle profession voulez-vous exercer? Pourquoi?
3. Y a-t-il des industries nationalisées aux États-Unis?
4. Est-ce que la poste marche bien chez vous? Combien de temps met une lettre pour vous arriver? Combien de temps attendez-vous à la poste pour envoyer une lettre?

6

VOCABULAIRE À ÉTUDIER

le **devoir**   *duty*
le **pays**   *country*
   élir   *to elect*
   avoir lieu   *to take place*
le **candidat**   *candidate*
l' **élection**   *election*
se **présenter (à)**   *to run for*
   lui-même   *himself*
   soutenir   *to back*
l' **appui** (m)   *backing*
   battre   *to defeat*
   démontrer   *to show, to prove*
le **pouvoir**   *power*
   avoir tort   *to be wrong*
   jouer   *to play*

la	**revue**	*magazine*
	moins	*less*
l'	**avis** (m)	*opinion*
l'	**ère** (f)	*era*
	disparaître	*to disappear*
	vivre	*to live*

Essai sur la politique

Maintenant que j'ai dix-huit ans et que je suis majeur,^△ je dois remplir mes devoirs de citoyen.° Puisque je suis étudiant, j'ai obtenu un sursis° au service
5 militaire,^△ et je ne vais remplir ce devoir envers mon pays que dans trois ans. Par contre,° je vais confronter plusieurs élections pendant ces années-là. Il faut donc que je sois renseigné sur les
10 fonctions du gouvernement de la Ve République^△ et sur la politique. Voilà le résultat de mes recherches:

Nous avons une démocratie libérale en France, bien que le Gouvernement°
15 soit très hiérarchisé et, de ce fait, assez rigide. Les complexités des divers échelons° de l'autorité aux niveaux gouvernemental, régional, départemental^△ et communal semblent difficiles
20 à expliquer sans utiliser des chartes.° Je vais cependant essayer, en simplifiant parfois, d'examiner les affiliations politiques qui me sont ouvertes.

Le président de la République est
25 élu pour sept ans et peut se succéder à lui-même. Les élections présidentielles se font au suffrage universel et peuvent se faire en deux tours. Au premier tour, qui a toujours lieu le dimanche, six ou
30 sept candidats se présentent aux élections. Il y a six ou sept candidats parce que nous avons plusieurs partis

citoyen *citizen*
sursis *deferment*

par contre *on the other hand*

gouvernement *administration*

échelons *levels*

chartes *charts*

politiques. Si aucun candidat ne reçoit une majorité absolue (plus de 50%), le dimanche d'après les deux candidats qui ont reçu le plus de votes se présentent au deuxième tour. Pendant la semaine entre les deux tours, les différents partis peuvent former des coalitions avec d'autres partis. Les partis dont les candidats ont perdu soutiennent l'un ou l'autre des deux candidats qui se présentent au deuxième tour. C'est ainsi qu'en 1974, Giscard d'Estaing, chef du Parti Républicain Indépendent, a obtenu l'appui des Gaullistes pour battre le candidat du Parti Socialiste, François Mitterrand, qui était soutenu par une coalition des partis de gauche.

Ensuite, le président choisit le chef du gouvernement, son premier ministre, qui assure la liaison entre lui, l'Assemblée Nationale[△] et le Sénat.[△] Le premier ministre nomme les autres ministres: des Finances, des Affaires Étrangères,[○] du Commerce, de l'Éducation Nationale, de l'Intérieur, du Travail, etc. Ceux-ci forment à leur tour leurs cabinets respectifs. Ils représentent ensemble le pouvoir exécutif. Seul, le président peut renvoyer le premier ministre, mais celui-ce peut offrir sa résignation, comme en 1976, quand M. Giscard d'Estaing a accepté celle de M. Jacques Chirac. De plus, le président peut dissoudre l'Assemblée Nationale, introduire des projets de loi et imposer des référendums. Ceci démontre que le pouvoir du président de la Ve République est beaucoup plus grand que sous la

Affaires Étrangères
Foreign Affairs

IIIᵉ et la IVᵉ Républiques, où le président ne gouvernait pas.

D'autre part, il y a les élections législatives, au printemps, ce qui fait dire à bien des Français, que, à peine les députés installés, ils peuvent aller prendre leurs grandes vacances,° et attendre de voir ce que la rentrée va leur réserver! On élit pour cinq ans les députés qui représentent nos intérêts à l'Assemblée Nationale. Il y a un député par circonscription, ce qui est tout simplement une division politique de la France. C'est là que les partis jouent encore un plus grand rôle, car la composition politique du pouvoir législatif, les députés et les sénateurs, est très importante pour le président et pour ses programmes. Quant aux sénateurs, ils sont élus au suffrage indirect,ᐃ c'est-à-dire qu'ils sont choisis par nos représentants départementaux et communaux. Ces derniers, nous les élisons directement aux élections cantonales (le conseil général de notre département) et aux élections communales (le conseil municipal de notre ville, village ou commune). Les préfets des régionsᐃ et des départements, eux, sont nommés par decret et les maires,ᐃ par les conseils municipaux.

En 1976 encore, il est arrivé une situation assez paradoxale et gênante° pour le président: les élections cantonales ont donné une majorité de 26,5% des suffrages au Parti Socialiste, alors qu'à l'Assemblée Nationale, la Majorité était représentée par les partis

grandes vacances *summer vacation (usually one month)*

gênante *embarrassing*

de droite. En voici une liste, en commençant par l'extrême droite: l'U.d.r. (Union pour la défense de la république, ou parti Gaulliste); les Républicains Indépendants de Valéry Giscard d'Estaing; et les Réformateurs. Les partis importants de l'Opposition, à partir de l'extrême gauche: le Parti Communiste, qui a pour secrétaire général, M. Marchais; le Parti Socialiste de M. Mitterrand; le Parti Radical, avec M. Jean-Jacques Servan-Schreiber, directeur de la revue hebdomadaire, "L'Express"; et le P.S.U.

Il n'est pas surprenant que, avec toutes les complexités du système électoral, la conversation des Français tourne souvent autour de la politique. D'autant plus que certains partis changent assez souvent de nom et d'alliances, sinon° de visage. Il y a des centristes, par exemple le Parti Progrès et Démocratie Moderne (ancien M.R.P., bien diminué depuis le temps où il représentait tous les bourgeois conservateurs et catholiques), qui vote avec la Droite. Il y a aussi le Centre Gauche, qui vote traditionnellement avec la Gauche. Certains partis disparaissent simplement, comme les Poujadistes, qui représentaient, très à droite, les intérêts des commerçants et des artisans. Finalement, il y a bien quelques nouveaux partis, auxquels adhèrent quelques-uns de mes camarades de lycée et d'université: Les Maoïstes, les Trotskysies, les Léninistes, et autres. Mais ceux-ci ne sont qu'à peine représentés au Parlement, certains pas du tout.

sinon *if not*

Pierre Daninos écrivait, avec humour, en 1954, dans *Les Carnets du Major Thompson*: "Les livres de géographie disent: 'Les États-Unis d'Amérique totalisent 160 millions d'habitants.' ...Mais ils devraient dire: 'La France est divisée en 43 millions de Français'."
Il n'avait peut-être pas tout à fait tort. Mais aujourd'hui, cette citation° est fausse, non seulement parce qu'il y a maintenant plus de 53 millions de Français, mais aussi parce qu'ils sont moins divisés. Ce qui ne veut pas dire qu'il y a moins de partis politiques en France, mais plutôt qu'on parle maintenant d'Une Majorité et d'Une Opposition. Cela ne veut pas dire non plus que le Français soit moins individualiste qu'avant. La différence aujourd'hui est qu'il s'associe plus facilement à divers groupes que par le passé, et qu'il travaille plus pour le bénéfice° de la collectivité plutôt que pour celle de la cellule familiale, comme dans "le bon vieux temps". De plus, il y a de nouvelles personalités dans le gouvernement qui sont en faveur du progrès. Les députés ne peuvent pas devenir ministres, et dans les rangs° ministériels, on cherche au contraire des figures nouvelles, ce qui ne fait plus dire, comme dans le temps: "Plus ça change, plus c'est la même chose".

Il y a sans doute plusieurs raisons pour ce changement d'attitude. Depuis 1962, l'élection du président se fait au suffrage universel plutôt qu'au suffrage indirect. Le Président De Gaulle et

citation   *quote*

bénéfice   *benefit*

rangs   *levels*

d'autres avant lui, se sont bien servi du référendum△ pour consulter la nation directement sur des questions précises. Mais cela n'arrivait que de temps en
5 temps, et c'était le président qui décidait s'il était utile de la consulter! De plus, des organes consultatifs ont été créés pour demander leur avis aux Français sur des questions économiques
10 et sociales, par l'intermédiaire de commissions régionales. Finalement, des associations de citoyens, politiques et apolitiques, certaines ressemblant même aux anciennes guildes, se sont organisées.
15 Bref, ces changements ont donné aux citoyens l'impression qu'ils prenaient une plus grande part dans l'administration de leur pays. Ils se sont sentis engagés!
20   Pour revenir en arrière et faire un peu d'histoire, il a bien fallu créer un renouveau de civisme chez les Français après la Deuxième△ guerre. Ils avaient subi les expériences traumatiques de la
25 défaite en 1940, de l'occupation allemande, des difficultés rencontrées par la Résistance, des bombardements des alliés, puis la réalisation que certains de leurs compatriotes avaient collaboré
30 avec l'ennemi. Seulement quelques années plus tard, la perte de ses colonies, même l'Algérie,△ réduisait la France, d'un vaste empire colonial, à l'Hexagone△ seul, avec ses petits départements
35 d'outre-mer.△ De Gaulle a certainement contribué au relèvement° moral et économique du pays en donnant une nouvelle direction aux valeurs françaises.

relèvement *uplifting*

Son erreur a été de ne pas leur demander d'y participer plus directement et de les traiter bien souvent en grands enfants terribles. Après lui, l'ère du paternalisme gouvernemental semble disparaître...

Autrement dit, le visage de la France change, même s'il ne le fait que lentement. Je suis heureux de vivre ces heures importantes de son histoire et de participer à cette évolution de la grande famille française.

EXERCICES

I.

Écrivez les mots qui conviennent pour compléter les phrases suivantes.

1. On vote au deuxième tour s'il y a _____ .
2. Les partis forment une coalition pour _____ un candidat.
3. La composition politique du _____ est très importante pour le président.
4. Les sénateurs sont élus au _____ .
5. Il y a des préfets pour les _____ et les _____ .
6. Les _____ ne peuvent pas devenir ministres.
7. Quand on est étudiant, on peut obtenir un _____ au service militaire.
8. Le Parlement est composé de _____ et de _____ .

II.

Décidez si les phrases suivantes sont vraies ou fausses.

1. Les maires sont élus par les citoyens.
2. En 1976, la Droite avait la Majorité à l'Assemblée Nationale.
3. Les Français prennent part au gouvernement de leur pays.
4. On vote toujours le dimanche.
5. Les partis politiques sont toujours les mêmes.

III.

Trouvez les synonymes des mots suivants.

1. suffrage
2. voix
3. universel
4. centriste
5. adjérer
6. avis
7. cerveau de la France
8. patrie

IV.

Répondez aux questions suivantes.

1. Quel est le système politique en France?
2. Comment le président est-il élu?
3. À quel âge est-on majeur en France?
4. Pour combien de temps le président est-il élu?
5. Qui est le chef du gouvernement?
6. Qui fait partie du pouvoir exécutif?
7. Pour combien de temps les députés sont-ils élus?
8. Qui était le chef du Parti Socialiste en 1976?
9. Qui est le chef du Parti Communiste?
10. Comment s'appelle une revue hebdomadaire française? De quel parti est son directeur?
11. Qui fait partie de l'U.d.r.?
12. Qu'est-ce que c'est qu'un référendum? Quel rôle y joue le président?
13. Qu'est-ce que les Français ont subi pendant la guerre?
14. Les Français s'intéressent-ils à la politique? Discutez.
15. Est-ce que la France change? Pourquoi?

V.

Votre point de vue.

1. Faites-vous de la politique? Adhérez-vous à un parti? Expliquez.
2. Avez-vous fait votre service militaire? Si non, pourquoi? Si oui, expliquez ce que vous avez fait pendant le temps que vous étiez «militaire».
3. Est-ce que vous votez? Quelle est votre philosophie politique?
4. Décrivez le gouvernement américain.

III. Les Arts

7

VOCABULAIRE À ÉTUDIER

le **tableau** *painting*
la **peinture** *painting*
   parmi *among*
   rompre *to break with*
l' **herbe** *grass*
   nu *naked*
   entourer *to surround*
   vif *brilliant*
l' **atelier** *studio, workshop*
la **joie de vivre** *joy of living*
   triste *sad*
la **mort** *death*
la **maladie** *sickness*
la **pauvreté** *poverty*
les **gens** (m) *people*
s' **amuser** *to have fun*
le **bord** *edge*

la **plage** *beach*
l' **éclairage** *lighting*
en plein soleil *in bright sunlight*
la **feuille** *leaf*
quotidien *daily*
la **voie** *the way*

De l'impressionnisme

Dans un cours sur l'art contemporain, le sujet aujourd'hui porte sur l'Impressionisme.^ Le professeur illustre sa conférence avec des diapositives° de tableaux représentatifs de cette école française de la fin du 19ᵉ siècle.

—Comme vous allez le voir, les Impressionnistes ont une importance capitale dans l'évolution de l'école française de peinture. Quels étaient ces peintres que le monde entier admire encore aujourd'hui? Parmi les plus connus, nous allons étudier Monet, Renoir, Degas, Pissaro, Morisot, Sisley et Cassatt. Ils ne sont pas les seuls de cette école, dite Impressionniste, mais, à mon avis, ce sont les plus importants.

Mais, pour commencer, je veux vous parler d'Édouard Manet, qui est considéré comme le premier des grands peintres modernes. Il a eu une profonde influence sur les Impressionnistes qui l'ont suivi. Sa plus grande contribution a été de rompre avec les techniques traditionnelles des romantiques, l'ombre° conventionnelle et le dramatique théâtral des peintres comme le grand Delacroix. Regardez, par exemple, le "Déjeûner sur l'herbe" de Manet. Le sujet de ce tableau a profondément choqué les critiques à l'exposition du Salon° de 1863 à Paris: deux hommes en vêtement

diapositive *slide*

ombre *shadow*

salon *major art exhibition of Paris*

d'époque° sont assis sur l'herbe avec une femme nue! Et de plus, Manet représente ses modèles et la nature qui les entoure avec des couleurs vives et pleines de contrastes, ce qui rend ce tableau très réaliste.

    C'est au moment de cette même exposition que d'autres jeunes peintres se sont groupés en "société anonyme coopérative..." dans l'atelier du photographe Nadar. Ils avaient découvert qu'ils avaient, eux aussi, quelque chose de nouveau à offrir au monde artistique. Mais le public et les critiques les ont fort mal reçus... en particulier à l'exposition de 1874, où s'étaient présentés Monet, Renoir, Degas, Pissarro, Morisot, Cézanne, Sisley, Cassatt, et d'autres... Le tableau "Impression, soleil levant" de Claude Monet a été particulièrement attaqué. L'un des critiques a qualifié les exposants, par dérision,° d'"impressionnistes," et c'est de là que le mouvement a trouvé son nom.

    Considérons leur style: tout d'abord les thèmes...

    L'art des Impressionnistes est celui de la joie de vivre. Il n'y a rien de triste chez eux, aucune représentation de la mort, de la maladie ou de la pauvreté. Leurs modèles sont des gens qui s'amusent dans les cafés, qui font une promenade en bateau (Monet: "La Grenouillère"), qui vont au bal ou au bord de la mer (Monet: "Terrasse à Sainte-Adresse"). Ils semblent libres, heureux, pleins de vie. Tout est spontané

---

vêtement d'époque
period dress

par dérision   *mockingly*

et naturel. Ces sujets ont du reste été repris par Renoir et Degas, deux individualistes chacun dans leur genre, dont je parlerai tout à l'heure.

Quant à leur technique, elle consiste en une étude des jeux de lumière. Une de leurs préoccupations a été de saisir° les objets à différents moments de la journée. Ils ont quitté leurs ateliers pour peindre dans la nature elle-même, la forêt de Fontainebleau, les bords de la Seine, les plages de la Manche. Ils ont donc abandonné les lignes, les formes et les surfaces bien définies pour le jeu des apparences colorées, en peignant par petites touches.° Ces touches inégales forment une impression d'ensemble, qui compte bien plus que les détails. D'où vient le terme d'Impressionnisme.

saisir   *to seize*

touche   *touch*

Claude Monet a véritablement été le père des Impressionnistes. C'est lui qui a le plus exploité les effets de lumière. Par exemple, il a peint le même sujet à plusieurs reprises à des heures différentes de la journée. Il a ainsi montré que les objets changent d'apparence selon l'éclairage. Cette diapositive nous présente une de ses "Cathédrale de Rouen", celle-ci peinte en plein soleil. D'autres tableaux de cette même façade la montre avec des effets de lumière différents.

Maintenant, regardez "La Grenouillère" de Renoir.... et "Le Moulin de la Galette". Ici, les taches de couleurs éclatantes expriment sa joie de vivre, à travers les formes. On peut suivre les lignes des feuilles des arbres, des chaises et des canotiers° des messieurs. Renoir, lui aussi, a donc bien contribué au groupe de Manet, quoiqu'il s'en soit séparé plus tard pour développer sa propre technique.

canotiers *straw hats*

Edgar Degas (ici, son "Café Concert") est surtout célèbre pour ses scènes de ballet (voyez là, "Fin d'une arabesque"), où il saisit un geste ou un mouvement plutôt qu'un jeu de lumière. De là, son isolement au sein de l'Impressionnisme.

Je mentionnerai les autres peintres qui ont participé à ce mouvement: Camille Pissarro, connu pour ses paysages et ses scènes rustiques, comme ce "Printemps à Pontoise"; Alfred Sisley, Français d'origine anglaise, autre paysagiste d'une grande sensibilité (voici son "Inondation à Port-Marly"); sans oublier Berthe Morisot, dont les tableaux montrent une grande maîtrise° des couleurs et des techniques. Elle s'est spécialisée dans les scènes domestiques, et ses figures d'enfants ont un charme et une fraîcheur° exceptionnels (voici son "Berceau"); finalement, Mary Cassatt, d'origine américaine, qui a été influencée par Degas, mais dont les sujets représentent surtout des scènes de la vie familiale où les enfants jouent un rôle important (celui-ci est intitulé "Mère et enfant").

maîtrise *mastery*

faîcheur *freshness*

Vous êtes peut-être surpris que je n'aie pas parlé de Cézanne. Influencé par Pissarro, il a fait partie du mouvement. Mais cela lui a pris du temps pour se trouver lui-même. Son style est différent de celui de ses collègues, en cela que sa vision était plus cérébrale qu'intuitive. Ses paysages de la montagne Sainte-Victoire (en voilà un de 1904), qui est son sujet favori en Provence, montrent une recherche plus approfondie° de l'espace.° Ses touches sont plus larges pour lui permettre de rendre les masses des montagnes qu'il choisit comme sujets. Le Fauvisme[△] et le Cubisme[△] lui sont largement redevables.°

En conclusion, l'Impressionnisme a marqué un tournant° extrêmement important dans l'histoire de la peinture française. Ces artistes ont renoncé° aux couleurs sombres des romantiques, pour découvrir les couleurs primaires et la nature telle qu'elle nous apparaît sous toutes ses facettes. Ils ont abandonné les sujets historiques pour se concentrer sur la vie quotidienne.

Ils ont ainsi montré la voie aux peintres modernes, les Toulouse-Lautrec, Gauguin, Van Gogh, Matisse et Picasso même... Mais je m'arrête... C'est là l'objet de ma prochaine conférence.

Au revoir, Mesdemoiselles, Messieurs....

plus approfondie *deeper*
espace *space*

redevable *indebted*

tournant *turning point*
renoncé *gave up*

EXERCICES

I.

Complétez les phrases suivantes avec le mot ou les mots qui conviennent.

1. Les Impressionnistes ont quitté leurs _____ pour peindre la nature.
2. Leur technique est une étude des jeux _____ .
3. C'est l'impression _____ qui compte plus que _____ .
4. Monet était le véritable _____ des Impressionnistes.
5. Les Impressionnistes ont surtout employé des couleurs _____ .
6. La contribution de Manet a été de _____ avec la peinture traditionnelle.

II.

Décidez si les phrases suivantes sont vraies ou fausses. Discutez votre réponse.

1. L'Impressionnisme est une école de peinture de la fin du 18ᵉ siècle.
2. Berthe Morisot est célèbre pour ses scènes de ballet.
3. Édouard Manet est considéré comme le premier grand peintre moderne.
4. Le "Déjeûner sur l'herbe" est un tableau à thème traditionnel.
5. Chez les Impressionnistes, tout est spontané et naturel.
6. Les Impressionnistes ont insisté sur les lignes, les formes et les surfaces bien définies.

III.

Employez les mots suivants dans une phrase originale.

1. l'exposition
2. rompre
3. le critique
4. la touche
5. la lumière
6. le public

IV.

Donnez des mots de la même famille que les mots suivants.

1. la peinture
2. sensible
3. le paysage
4. l'art
5. premier
6. tourner
7. histoire
8. frais

V.

Répondez aux questions suivantes.

1. Nommez les Impressionnistes les plus importants.
2. À quelle époque l'Impressionnisme s'est-il développé?
3. Pourquoi Manet est-il important dans l'histoire de la peinture?
4. Pourquoi est-ce que le "Déjeûner sur l'herbe" a choqué les critiques?
5. Quelle est la date de la première exposition des Impressionnistes?
6. Comment est-ce que ces jeunes peintres ont été reçus?
7. D'où vient le terme "Impressionnisme"?
8. Quels sont les thèmes qui caractérisent les tableaux impressionnistes?
9. Quelle est l'innovation la plus importante des Impressionnistes?
10. Pourquoi ces peintres ont-ils quitté leurs ateliers?
11. Qui était le chef des Impressionnistes?
12. Quels étaient les thèmes préférés de Berthe Morisot et de Mary Cassatt?
13. Quels étaient les sujets favoris de Pissarro et de Sisley?
14. Pourquoi est-ce que les Impressionnistes sont importants dans l'évolution de la peinture en France?

VI.

Votre point de vue.

1. Quels peintres américains connaissez-vous? À quelles écoles appartiennent-ils?
2. Quels musées avez-vous visité? Qu'est-ce que vous y avez vu?
3. Quel est votre peintre préféré, et pourquoi?
4. Avez-vous peint vous-même? Quel style avez-vous adopté?

8

VOCABULAIRE À ÉTUDIER

le **chant** *singing*
renseigner *to inform*
la **salle** *hall*
le **plafond** *ceiling*
le **bruit** *noise*
s' **habituer à** *to get used to*
quelqu'un *someone*
le **morceau** *piece (of music)*
la **lune** *moon*
le **jardin** *garden*
la **pluie** *rain*
la **faute** *mistake*
faire partie (de) *to belong to*
l' **oreille** *ear*
plaisanter *to joke*
nombreux *many*

l' **oiseau** *bird*
se **mettre à la page** *to get up-to-date*
le **son** *sound*
le **chef d'orchestre** *conductor*
dormir *to sleep*
le **rêve** *dream*

De la musique en France

Deux jeunes couples sont allés ce soir à l'Opéra-Comique.° On y donnait "Carmen" de Bizet. Pendant le retour chez eux, dans le métro, ils discu-
5 tent la musique. Hélène, qui fait des études de chant au Conservatoire de Musique et son mari, Michel, qui est fanatique de la musique moderne, renseignent leurs amis, Christophe et
10 Élisabeth, qui sont moins bien informés sur ce sujet. Écoutons-les...

Élisabeth: Quelle soirée magnifique! Ça m'a vraiment plu! La salle est superbe avec toutes ces dorures°
15 et le velours° rouge de la décoration! Ça fait riche...

Christophe: Et chérie, as-tu remarqué la peinture de Chagall au plafond?

Élisabeth: Bien sûr! Je t'en ai parlé,
20 mais tu étais trop occupé à regarder les jolies femmes avec tes jumelles° pour m'entendre! Alors, qu'est-ce que tu en penses?

Christophe: Eh bien, je comprends
25 tout le bruit que ça a fait, il y a quelques années! Le style de Chagall ne va pas tout à fait avec le décor! Ça n'est pas de la même époque...°

Michel: Oh, tu sais, on s'y habitue!
30 Et ce Chagall est si beau!... et il l'a fait avec beaucoup de goût° pour que ça aille avec l'ensemble...°

Opéra-Comique *Paris Opera house*

dorures *gildings*
velours *velvet*

jumelles *binoculars*

époque *period*

goût *taste*
l'ensemble *whole picture*

81

Hélène: Alors, dîtes-moi qu'avez-vous pensé de «Carmen»?

Élisabeth: C'est très joli, vraiment!... La représentation était très bonne, et il a beaucoup d'airs que j'ai reconnus. "Toréador", par exemple.... "souviens-toi° qu'un œil noir te regarde... et que l'amour t'attend..."

souviens-toi *remember*

Christophe: Oui, mais c'est un peu fatigant d'entendre répéter: "... l'amour t'attend... l'amour, l'amour t'attend..." Pauvre José!

Hélène: Mais c'est comme ça, l'opéra... C'est pour l'effet dramatique de la mélodie... ceci n'aide pas les acteurs à jouer leurs rôles. Enfin, Carmen est un des opéras où il y a le plus d'action. J'ai trouvé les mouvements d'ensemble, ceux des gitanes° qui travaillent à la manufacture de tabacs surtout, très réussis.

gitane *gypsy*

Christophe: Les costumes étaient vraiment sensationnels!

Élisabeth: Christophe est toujours porté sur les choses visuelles... En tout cas, c'est remarquable qu'un Français ait composé un opéra espagnol.

Hélène: C'est là une imitation théâtrale, bien sûr, mais la couleur locale est là, la sensualité et les rythmes variés.

Élisabeth: Alors, Hélène, comment vont tes études?

Hélène: Pas mal, pas mal, merci. Je travaille en ce moment sur un très beau chant, "l'Invitation au voyage" du compositeur Duparc. Il est basé sur les paroles du poème célèbre de Charles Baudelaire. Tu connais les paroles, Élisabeth?

Élisabeth: Oui... "Mon enfant, ma sœur, Songe° à la douceur° d'aller là-bas vivre ensemble..." C'est très musical...

songe *dream*
douceur *sweetness*

Hélène: Et puis, j'apprends aussi le "Clair de lune" de Fauré, écrit sur un poème de Paul Verlaine... et j'étudie l'air des clochettes° de "Lakmé", opéra de Léo Delibes. Mais mon ambition est, un jour, de chanter l'air de "Louise", le roman musical bien connu de Charpentier. C'est sans doute le rôle le plus difficile pour un soprano.

clochettes *bells*

Christophe: Tu ne chantes donc pas d'opéra italien?

Hélène: Mais si, bien sûr. Nous étudions Rossini et Verdi, aussi bien que l'Allemand Wagner. C'est Rossini qui a enchanté Paris avec le "Bel Canto", et Wagner qui y a introduit le drame lyrique. Ils ont tous les deux vécu à Paris, vous savez, le premier au début, l'autre à la fin du 19ᵉ.

Michel: Pendant ce temps-là, Berlioz composait des chefs-d'œuvre, sans être apprécié du public. Allez voir, quand vous en aurez l'occasion, sa "Damnation de Faust", écrite bien avant le règne° Wagnérien à Paris. Mais c'est sa "Symphonie Fantastique" que j'admire le plus. Il y a tant de passion, de richesse de ton, de volume, dans cette orchestration à plusieurs mouvements qui s'écartent°

règne *reign*

s'écartent *separate*

DE LA MUSIQUE EN FRANCE 83

de la forme classique... c'est là qu'on découvre qu'il est le vrai créateur de l'orchestre moderne. J'ai lu récemment que quelqu'un,[1] un des rares initiés de l'époque, avait dit que Berlioz formait avec l'auteur Victor Hugo et le peintre Eugène Delacroix, la "trinité" de l'Art Romantique.

Hélène: Moi, j'adore son "Harold en Italie", à cause du solo pour alto. Mais j'admets que je préfère les belles mélodies de Gounod et la musique descriptive qui s'est développée au 19e.

Élisabeth: Qu'est-ce que tu entends par "descriptive"?

Hélène: Tu connais Debussy, n'est-ce pas? Eh bien, c'est le compositeur le plus aimé aujourd'hui pour ses œuvres qui évoquent des scènes de la nature et des sentiments fugitifs. Il te faudra écouter ses "Cinq Poèmes de Baudelaire" et son œuvre symphonique, "Prélude à l'après-midi d'un faune", d'après un poème de Mallarmé...

Michel: ...Sans compter les sketches symphoniques de "La Mer", son drame lyrique "Pelléas et Mélisande", basé sur un poème de Maeterlinck... et les titres évocateurs de ses morceaux pour piano... "La Cathédrale engloutie"... "Clair de lune"... "Jardins sous la pluie"... On peut dire que Debussy, avec

---

[1] Théophile Gautier.

Duparc, Fauré et Vincent d'Indy, dont la «Symphonie sur un air de montagne», est encore une de mes favorites, sont directement associés aux poètes de l'école Symboliste[△] et peuvent aussi être comparés aux peintres impressionnistes.[△]

Élisabeth: L'idée d'une synthèse entre la poésie et la musique me plaît...

Christophe: ...et moi, celle de la musique et de la peinture!

Michel: De plus, Debussy est peut-être un précurseur de jazz.

Christophe: Quoi!

Michel: Mais oui, il a reconnu la valeur des musiques primitives, en Indochine, et ailleurs, où les instruments de musique imitent les bruits de la nature. Il a prédit la résistance du public à cette forme de musique.

Hélène: D'accord, mais vous oubliez Ravel, dont les tons° musicaux sont si colorés qu'il est encore plus impressionniste que les autres. Rappelle-toi, Michel, de ses "Jeux d'eaux", ses, "Miroirs", ses "Oiseaux tristes"...

Michel: Et de ses grandes fantaisies de "Schéhérazade" et du "Boléro"... sans oublier son œuvre symphonique de "Daphnis et Chloé". Tu as raison, Hélène, nous commettions là une grande faute! Je me suis laissé entraîner par l'enchaînement de mes idées sur le 20e siècle.

Élisabeth: Mais Debussy et Ravel font bien partie du 20e, n'est-ce pas?

Michel: Oui, du début du siècle... Mais, alors que, jusqu'au moyen

tons   *tones*

âge, la musique était homophone, comme le chant grégorien, et que la polyphonie a prévalu jusqu'à notre siècle, le 20ᵉ, lui, a inventé la dodécaphonie° et l'esthétique scientifico-musicale.

Christophe: Eh bien, en une soirée, Élisabeth, nous nous mettons à la page sur le développement de la musique! C'est fascinant... mais pour mes pauvres oreilles, quelle cacophonie que tous ces mots savants!°   savants *wise*

Élisabeth: Tu plaisantes, Christophe! Tu sais bien ce qu'est le chant grégorien, une mélodie qui n'a qu'une ligne. Il est donc...

Hélène: Homophone...

Élisabeth: Merci. Et puis, "poly" en grec, veut dire "nombreux". Donc, la musique polyphonique contient plusieurs lignes ou mélodies. Enfin, le mot, grec encore, "dodeka", veut dire "douze". J'en déduis que cette musique emploie les douze notes de la gamme...

Michel: ....chromatique. Bravo, Élisabeth! Quelle linguiste tu fais! Si vous vous y intéressez tous les deux, je vous ferai écouter "La nuit transfigurée" de Schönberg et "Le marteau sans maître" de Pierre Boulez, deux des représentants du dodécaphonisme. Cela vous préparera aux "Morceaux en forme de poire" d'Erik Satie, un maître de la façon dépouillée,° presque naïve de décrire   dépouillée *bare* les objets qui l'entourent. Puis vous serez prêts pour la musique "concrète" de Pierre Schaeffers et finalement pour les œuvres pour orgue de Messiaen. Celui-ci incorpore souvent des chants d'oiseaux dans ses compositions, par exemple, dans son merveilleux "Réveil des oiseaux". Avec eux, c'est le retour° aux sources, non seulement dans la nature, mais dans tous les bruits de la vie quotidienne.°

retour *return*

quotidienne *daily*

Élisabeth: Les chants des oiseaux, je veux bien, mais les bruits de marteaux,° je n'ai guère envie d'en entendre!

marteau *hammer*

Michel: Mais si, tu verras, ces musiciens sont devenus des techniciens. Ils suivent des méthodes expérimentales dans l'étude du son. C'est ainsi que Boulez est revenu de New York pour diriger des recherches sur la composition musicale par ordinateur.°

ordinateur *computer*

Hélène: Au fait, il y a plusieurs années, Boulez était chef d'orchestre à l'Opéra-Comique...

Michel: Oui, mais la composition l'intéressait plus.

Hélène: C'est Georg Solti maintenant, qui dirige l'orchestre, et ses efforts pour remonter la qualité médiocre du groupe ces trois dernières décades, ont été couronnés° de succès. Vous savez que la troupe est même allée à New York en 1976 et a été très bien reçue, même quand ils ont donné "Faust" de Gounod. Les Américains ne sont pas particulièrement avides d'opéras français. Mais il y avait aussi au programme "Les

couronnées *crowned*

Noces de Figaro"° de Mozart et
l' "Otello" de Verdi pour leur faire
plaisir, et pour concurrencer la Scala,
l'opéra de Milan, qui était là en même
temps, avec seulement des opéras
italiens...

> Noces de Figaro
> *Marriage of Figaro*

Christophe: Eh bien, la troupe de
l'Opéra Comique aura eu l'occasion
d'admirer à New York les muraux
de Chagall au "Lincoln Center" qui
s'appellent "Les sources de la
Musique" et "Le triomphe de la
Musique".

Michel: À propos, il faudra que vous
regardiez le plafond à nouveau,
la prochaine fois que nous irons
à l'Opéra... pendant l'entr'acte...
c'est mieux. Chagall représente là
beaucoup des compositeurs dont nous
avons discuté ce soir, avec des scènes
et des couleurs qui correspondent,
d'après lui, au style des musiciens.
Par exemple, il a employé le vert
pour Wagner et Berlioz... et il a peint
le sombre château de "Pelléas et
Mélisande" dans l'espace réservé à
Debussy. Même "Carmen" a sa petite
place là-haut... pour représenter
Bizet.

Christophe: Ah, nous voilà arrivés...

Élisabeth: Ouf! Je crois que je vais
bien dormir! Merci encore pour cette
bonne soirée.

Hélène et Michel: Bonsoir! Faites de
beaux rêves!

Christophe: Merci, surtout sans cacophonie!

EXERCICES

I.

Choisissez la réponse correcte.

1. Lequel de ces compositeurs est français?
   a. Mozart
   b. Wagner
   c. Ravel
2. Quelle méthode suit l'homophonie?
   a. une mélodie
   b. douze notes
   c. plusieurs mélodies
3. Qui fait partie de la "trinité" de l'Art Romantique avec Berlioz?
   a. Verlaine
   b. Pierre Schaeffer
   c. Victor Hugo
4. La scène de quel opéra a lieu en Espagne?
   a. Faust
   b. Pelléas et Mélisande
   c. Carmen
5. Qui a composé de la musique sur le bruit des oiseaux?
   a. Claude Debussy
   b. Olivier Messiaen
   c. Gabriel Fauré
6. La mélodie de l'alto est importante dans cette œuvre.
   a. La Mer
   b. Harold en Italie
   c. Le Boléro

II.

Complétez les phrases suivantes.

1. Les bruits de la vie _____ font l'objet de recherches.
2. Le directeur d'un orchestre est un _____ .
3. On regarde un spectacle avec des _____ .
4. Un poète écrit des _____ .
5. Un compositeur écrit de la _____ .
6. Un exemple de musique homophone est le _____ _____ .
7. Beaucoup de bruit produit une _____ .
8. La dodécaphonie emploie _____ notes.
9. Berlioz a écrit de la musique _____ .
10. Il y a des _____ de Chagall à Lincoln Center.

III.

Employez les mots et les expressions suivants dans une phrase originale.

1. le bruit
2. la mélodie
3. plaire
4. sans compter
5. on peut dire
6. jusqu'à
7. un chant
8. quotidien

IV.

Répondez aux questions suivantes.

1. Quelles études fait Hélène?
2. Où sont allés les deux couples ce soir-là?
3. Nommez deux périodes dans l'histoire de la musique française. Expliquez pourquoi elles sont importantes.
4. Quels compositeurs peut-on comparer aux Impressionnistes?
5. Que veut dire le terme "musique descriptive"?
6. Qui a écrit la "Symphonie Fantastique"? Pourquoi est-ce que cette œuvre est importante?
7. Pourquoi Charles Gounod est-il célèbre?
8. Donnez les caractéristiques de la musique de Claude Debussy.
9. Quelle est l'œuvre la mieux connue de Bizet?
10. Quelles sont les œuvres les mieux connues de Ravel?
11. De quel siècle font partie Debussy et Ravel?
12. Qui est Pierre Boulez?
13. Qu'est-ce que les musiciens modernes font?
14. Que veut dire le terme "polyphonique"?
15. Comment va-t-on peut-être composer la musique à l'avenir?

V.

Votre point de vue.

1. Aimez-vous les opéras? Pourquoi? Pourquoi pas?
2. Jouez-vous d'un instrument de musique? Lequel?
3. Quelle musique préférez-vous? Pourquoi?
4. Connaissez-vous un compositeur américain? Lequel?
5. La musique vous fait-elle penser à la nature? Comment?

9

VOCABULAIRE À ÉTUDIER

le **roman** *novel*
le **choix** *choice*
l' **angoisse** *anguish*
la **vie** *life*
la **vérité** *truth*
le **monde** *world*
le **bonheur** *happiness*
le **dieu** *god*
   engagé *committed*
la **guerre** *war*
   traiter *to treat*
   en vogue *fashionable, in style*
le **métier** *career*
le **destin** *destiny*
   tenir compte *to take into account*
la **pensée** *thought*
l' **amitié** *friendship*
   avouer *to admit*
la **pièce** *play (theater)*
la **valeur** *value*

le **faubourg** *suburb*
l' **enquête** *research-probe, survey*
le **milieu** *atmosphere*
ennuyer *to annoy, bother*
subir *to go through*
féroce *ferocious*
le **contemporain** *contemporary*
souhaiter *to wish*
le **prêtre** *priest*
acheter *to buy*

Debat sur le roman français

Un groupe d'étudiants est réuni° à la fin d'un semestre d'études, dans la chambre qu'occupent deux d'entre eux,° Jacques et Pierre. Ils font tous de la littérature à la Sorbonne,^ et doivent faire un choix de cours sur le roman pour le trimestre suivant.

est réuni *has gotten together*
d'entre eux *among them*

Jacques: Alors, Virginie, et toi, Marie-Hélène, qu'est-ce que vous avez décidé, 19e ou 20e siècle?

Marie-Hélène: Oh, tu sais, c'est toujours le 20e pour moi, et même plus exactement l'existentialisme.^

Virginie: Vraiment, ça te passionne tellement? Moi, j'ai trouvé *La Nausée* de Jean-Paul Sartre plutôt déprimante.° Du reste, l'existentialisme est périmé° maintenant, d'après notre prof du trimestre dernier. Albert Camus est mort en 1960 et Sartre répudie° beaucoup de ses idées d'autrefois.°

déprimant *depressing*
périmé *out of date*
répudie *repudiates*
autrefois *of the past*

Marie-Hélène: Évidemment, c'est déprimant, l'angoisse devant la vie, mais c'est une vérité fondamentale. D'un côté, l'homme ne peut s'empêcher° de rechercher le bonheur, et de l'autre, il ne peut pas échapper° à l'absurdité du monde. Mais Camus, bien qu'il ne voie pas de remède° à la condition humaine, comme dans

s'empêcher *to hold oneself back*
échapper *to escape*
remède *remedy*

L'Étranger, suggère tout au moins un certain humanisme qui engage l'homme dans l'action pour aider l'humanité souffrante,° comme dans *La Peste*, et ce travail l'élève à la hauteur° des dieux.

souffrante *suffering*

hauteur *height*

La philosophie qu'il exprime dans *La Chute*, est que l'homme accepte sa petite place dans le cosmos, qu'il oublie ses illusions personnelles et qu'il accepte le bien et le mal qui existent dans chaque individu, sans juger l'individu.

Pierre: En parlant d'action, moi, j'ai beaucoup admiré *La Condition humaine* d'André Malraux. Ses héros sont de vrais "engagés".

Jacques: Évidemment, il parle de guerres qui ont eu lieu° en Chine, en Indochine et en Espagne. Il y a toujours de l'action dans les combats!° Il est tout de même plus difficile de s'engager dans des situations de tous les jours.

ont lieu *take place*

combats *fights, battles*

Pierre: Oui, mais Malraux traite du drame de l'homme dans des conditions uniques où il a l'occasion de s'affirmer. Il faut ajouter que ses romans prennent une dimension métaphysique. Je ne sais pas encore si j'écrirai une thèse sur lui ou sur Saint-Exupéry.

Virginie: Ah! Saint-Ex, qui ne l'aime pas?

Jacques: Eh oui, c'est le type de héros qui reste toujours en vogue. C'était un homme d'action qui vivait pleinement son métier d'aviateur, comme on peut le voir dans *Vol de nuit* et d'autres romans.

Pierre: Pour lui, la grandeur° de l'homme est de se sentir un peu responsable du destin des autres, comme lui, le pilote de ligne, ou comme son *Petit Prince* qui se sentait responsable de sa rose sur la planète qu'il avait quittée, et aussi du renard,° une fois qu'il l'a eu "apprivoisé".° C'est magnifique, cette pensée sur l'amitié!

Marie-Hélène: J'aimerais bien revenir à la remarque de Virginie sur le fait que l'existentialisme est périmé. Ce jugement est trop simpliste et ne tient pas compte de l'essentiel. Sartre et Camus, ainsi que Simone de Beauvoir, ont reconnu que l'intellect a des limites et que certaines questions restent insolubles.° C'est le choc de cette découverte qui a créé la notion de l'absurde. Cette notion existe encore aujourd'hui dans le Théâtre de l'Absurde d'Ionesco et de Beckett, dans les films de Marguerite Duras, et dans sa pièce, *Des journées entières dans les arbres*, que Madeleine Renaud a si bien interprétée récemment.

Virginie: Et il faut bien dire aussi que ce que Simone de Beauvoir disait, il y a une vingtaine d'années, dans *Le Deuxième Sexe*, sur les déplorables conditions sociales des femmes dans le monde, est toujours un sujet brûlant° aujourd'hui dans le mouvement de libération de la femme.

grandeur *greatness*

renard *fox*
apprivoisé *tamed*

insolubles *unsolvable*

brûlant *burning*

DÉBAT SUR LE ROMAN FRANÇAIS 97

Pierre: Mais vous ne parlez plus là de romans, mais plutôt d'essais philosophiques et de théâtre.

Marie-Hélène: C'est justement un des mérites de l'école existentialiste, d'avoir intégré la philosophie dans les romans et dans le théâtre. Pendant que nous y étions, il aurait fallu mentionner les pièces de Sartre: par exemple, *Huis Clos*, où l'Enfer,° c'est la présence des autres, *Les Mouches*. Les pièces traitent de la liberté et de la responsabilité des hommes. Ceci est de même pour *Caligula* de Camus, où il est question de l'Absolu.

Enfer   Hell

Jacques: Mais y a-t-il encore vraiment un roman aujourd'hui? J'avoue que je suis fasciné, aussi bien que désorienté par le "Nouveau Roman",^ qui n'a pas beaucoup de rapport avec le roman traditionnel. Alain Robbe-Grillet a dit, si je me rappelle bien: «Le monde n'est ni signifiant, ni absurde. Il est tout simplement.» De là, lui et ses collègues, Nathalie Sarraute et Michel Butor, s'attachent à nous montrer les détails physiques des réalités extérieures, comme dans *Le Voyeur* et *Le Labyrinthe* de Robbe-Grillet, ou des anecdotes anodines,° comme dans *Le Planétarium* de Sarraute, ou des notions du temps déroutantes°, comme dans *La Modification* de Butor. Il n'y a plus d'analyse psychologique, de chronologie linéaire, ou de symbolisme traditionnel; l'absence de tout message est évident.

anodines   *harmless*

déroutantes   *misleading*

Pierre: Hélas! Où sont les analyses psychologiques raffinées de Proust, où un détail physique, le goût d'une madeleine trempée° dans du thé, active dans sa mémoire les souvenirs du passé? Dans *À la recherche du temps perdu* de Proust, la notion du temps est dictée par la mémoire affective du narrateur qui se rappelle les impressions et les émotions de sa jeunesse à travers de nouvelles sensations.

trempée *dunked, soaked*

Virginie: Le tableau de la société de son temps que nous offre Proust est très authentique.

Jacques: Oui, mais cette société était très spéciale. C'était le «grand monde» de l'époque, et ces gens-là m'agaçent° quelquefois. Je préfère lire sur le sujet du commun des mortels, ou sur les changements sociaux qui ont permis à notre société moderne de se développer.

m'agaçent *bug me*

Marie-Hélène: Tu parles d'Émile Zola?

Jacques: Oui, bien sûr, mais je pensais aussi à André Gide. C'est le premier écrivain qui a proclamé, dans *Les Nourritures terrestres* sa joie sensuelle de vivre. Il a essayé d'ôter° aux hommes les contraintes morales qu'il jugeait superficielles et trompeuses, et cela, au début du siècle, ne l'oublions pas. Il a sans doute été tourmenté par ses propres tentations, comme l'a été le pasteur dans *La Symphonie Pastorale*; mais il a montré énormément de courage dans ses confessions dans *Si le grain ne meurt*.

ôter *to take away*

L'ouverture aux valeurs nouvelles, l'idée de Camus d'accepter les autres sans les juger, tout cela remonte peut-être à Gide.

Pierre: Tu vas peut-être un peu trop loin, mon vieux. Mais, dis-nous, est-ce que tu as choisi Zola pour le trimestre prochain?

Jacques: Je crois que oui. Ce qui touche à la société m'intéresse bien plus que les romans psychologiques, existentialistes, ou... le Nouveau Roman. Et comme "engagé", il n'y a pas mieux que Zola. Rappelez-vous le courageux article, *J'accuse*, que Zola a écrit au moment de l'"affaire Dreyfus", pour la défense du Lieutenant Dreyfus, un officier juif accusé faussement° de trahison.° L'injustice sociale était ce qui l'intéressait le plus.

faussement *falsely*
trahison *treason*

Pierre: Et Victor Hugo, alors, qu'est-ce que tu en fais?

Jacques: Oui, bien sûr, *Les Misérables* et *Notre-Dame de Paris*, les bas-fonds° de la capitale! Mais quand on pense à Victor Hugo, on pense plutôt au poète... Enfin, les deux romans les plus connus de Zola nous donnent une idée des remous° sociaux, dûs aux° débuts de l'industrialisation, qui venaient de bouleverser° les couches° sociales françaises. Il parle des problèmes des ouvriers des faubourgs parisiens dans *L'Assommoir*. Il décrit avec force dans *Germinal*, la misère des collectivités de mineurs dans la région du Nord. C'était sans

bas-fonds *bottom*

remous *changes*
dûs aux *due to*
bouleverser *to overthrow*
couche *layer*

doute un des premiers syndicats en France. Pour cela, il avait fait des enquêtes sociales poussées dans les milieux travailleurs.

Virginie: Zola avait admiré Flaubert qui, lui, faisait même des enquêtes sur l'hérédité de ses personnages. Vous savez sans doute qu'il avait travaillé plus de quatre ans avant de publier *Madame Bovary,* qui est l'histoire de gens qu'il connaissait.

Pierre: Ce qui m'ennuie chez Zola c'est sa théorie sur le déterminisme, qui dit que les actions humaines dépendent de l'hérédité physique et de l'environnement social de l'homme.

Marie-Hélène: Oui, cela contredit la philosophie sartrienne. Chez Sartre, «l'existence précède l'essence» et «l'homme n'est que ce qu'il se fait». Je préfère ça.

Pierre: Et moi, je préfère encore la bonne logique cartésienne: «Cogito, ergo sum».[1]

Marie-Hélène: Mais nous la subissons tous, cette philosophie, dans la manière dont nous avons appris à penser, dans la façon dont nous devons présenter nos mémoires, et même dans l'arrangement savamment ordonné des parcs de Versailles ou de Fontainebleau.

Jacques: Assez de philosophie! Nous n'avons pas encore demandé à Virginie ce qu'elle pensait suivre comme cours.

[1] Je pense donc je suis.

Virginie: Oh, moi, je suis encore très dix-neuvième... J'aime le roman réaliste et les descriptions des mœurs° de l'époque. Ce sera ou bien Stendhal, ou bien Balzac. Eux aussi étaient des réalistes, mais Stendhal était trop près de la période romantique pour ne pas être influencé par ce mouvement, tout au moins en ce qui concerne les thèmes de l'amour.

Pierre: Oui, sûrement, *La Chartreuse de Parme* et *Le Rouge et le Noir* sont plutôt romantiques.

Virginie: Mais ils sont aussi basés sur des faits réels, sur lesquels l'auteur a fait des recherches très étendues,° tant sur les faits que sur la psychologie des protagonistes. Son style est très réaliste et l'analyse de mœurs, comme celle des gitans° dans *Carmen* de Mérimée, est très détaillée.

Marie-Hélène: Chez Stendhal aussi, comme chez Proust, on trouve de fidèles tableaux des gens de l'époque.

Virginie: Oui, mais pas aussi poussés° que chez Balzac, dans sa galerie de portraits où il exerce une humour féroce contre ses contemporains.

Marie-Hélène: Eh bien, je te souhaite du plaisir si tu dois lire les quatre-vingt-dix-sept bouquins de Balzac qui font *La Comédie Humaine*. Ça me ferait peur.

Virginie: Oh! Je n'aurais sans doute pas à les lire tous, voyons! Mais j'espère que nous lirons un de ses tableaux de la société parisienne, par exemple *Le Père Goriot* ou *La Cousine*

mœurs *manners, customs*

étendues *widespread*

gitans *gypsies*

poussés *pushed, exaggerated*

Bette. Enfin, Stendhal est intéressant aussi. Ses personnages, comme celui de l'ambitieux Julien Sorel dans *Le Rouge et le Noir* sont très étudiés. Ce petit prêtre apprend que, dans la chasse au bonheur parfait, l'arrivisme ne mène qu'aux déceptions, et que le véritable bonheur ne s'achète pas...

Jacques: Ah! Ah! Le bonheur parfait! La joie de vivre! L'injustice sociale! Ces thèmes reviennent constamment dans la littérature française. Que ce soit par la philosophie, la psychologie ou la description des mœurs, les auteurs cherchent toujours à en tirer une leçon pour améliorer° la condition humaine.

Marie-Hélène: Très intéressant comme conclusion! J'espère vraiment que nous aurons l'occasion de comparer nos auteurs pendant le trimestre prochain.

améliorer *to better*

EXERCICES

I.

Complétez les phrases suivantes.

1. Il n'y a pas de _____ à la condition humaine, dit Camus.
2. L'angoisse devant la vie est _____ , dit Marie-Hélène.
3. On ne peut pas échapper à l' _____ du monde, disent les existentialistes.
4. L'homme doit accepter sa petite place dans le _____ , dit Camus.
5. La grandeur humaine est de se sentir responsable du _____ des autres, dit Saint-Exupéry.
6. La condition des femmes est toujours un sujet _____ , dit Virginie.
7. L'Enfer, c'est la _____ des autres, d'après Sartre.
8. Le "Nouveau Roman" n'a plus grand-chose à voir avec le _____ _____ .
9. *Le Planétarium* nous montre des anecdotes _____ .
10. L'existentialiste pense que "l'existence précède _____".
11. Virginie préfère les romans _____ .
12. Les romans de Stendhal sont basés sur des _____ réels.
13. Balzac avait un _____ féroce.
14. Julien Sorel recherchait le _____ parfait.
15. *Carmen* analyse les _____ des gitans.

II.

Dites si et pourquoi les phrases suivantes sont vraies ou fausses.

1. Il n'y a pas de notion du temps chez Proust.
2. Gide était tourmenté par ses tentations.
3. Zola faisait des enquêtes psychologiques.
4. Flaubert était un déterministe.
5. Balzac a écrit des romans de mœurs.
6. Stendhal était un romantique.
7. La philosophie cartésienne est bien française.

III.

Faites une phrase complète avec chacun des mots suivants.

1. périmé
2. déprimant
3. absurde
4. engagé
5. le bien et le mal
6. agacer
7. valeurs
8. remous

IV.

Répondez aux questions suivantes.

1. Quel est le point de départ de la philosophie existentialiste?
2. Que recommande Camus?
3. Comment Virginie a-t-elle trouvé *La Nausée*?
4. Où Malraux situe-t-il ses romans? Qui sont ses héros?
5. Que faisait Saint-Exupéry comme métier?
6. De quoi Saint-Exupéry se sentait-il responsable?
7. Pourquoi Marie-Hélène pense-t-elle que l'existentialisme n'est pas périmé?
8. Sur quoi Simone de Beauvoir a-t-elle écrit? Est-ce toujours un sujet moderne? Expliquez.
9. Quelles pièces Sartre a-t-il écrites? Sur quel sujet?
10. Comment le monde est-il défini dans le "Nouveau Roman"?
11. Y a-t-il une analyse psychologique dans le "Nouveau Roman? Pourquoi?
12. Que raconte le narrateur de *À la Recherche du temps perdu*?
13. Qu'a recommandé Gide à ses lecteurs?
14. Quelle période les romans de Zola décrivent-ils?
15. Pourquoi Zola était-il "engagé", d'après Jacques?
16. Victor Hugo était-il principalement un romancier?
17. Quelles enquêtes Flaubert a-t-il faites avant d'écrire *Madame Bovary*?
18. Comment peut-on définir la philosophie de Descartes?
19. Nommez deux romanciers réalistes. Pourquoi le sont-ils?
20. Quels sont les auteurs français qui ont décrit la société de leur époque?
21. Quels sont les thèmes des romans français des 19e et 20e siècles?

V.

Votre point de vue.

1. Avez-vous lu un des romans discutés dans ce chapitre? Décrivez-le.
2. Quel genre de roman français préférez-vous, d'après les descriptions?
3. Connaissez-vous un roman du même genre en anglais? Décrivez-le.
4. Quelle philosophie préférez-vous? Le déterminisme? Le cartésianisme? L'existentialisme? ou une autre? Dites pourquoi.
5. Sur quels thèmes aimez-vous lire? L'amour? Les mœurs? La psychologie? La philosophie? L'humanisme? Les changements sociaux? Le sexe? La chasse au bonheur? ou un autre? Dites pourquoi.

10

VOCABULAIRE À ÉTUDIER

  le **neveu** *nephew*
  le **pourboire** *tip*
  l' **actrice** *actress*
  autour de *around*
  le **chef-d'œuvre** *masterpiece*
  démissioner *to resign*
  la **vedette** *star*
  l' **écran** *screen*
  le **baiser** *kiss*
  voler *to steal*
  l' **intrigue** *plot*
  policier *detective*
  le **tournage** *film-making*
  le **banc** *bench*
  prévenir *to warn*
  le **casse-cou** *dare-devil*
  se **tromper** *to make a mistake*
  remonter *to go back*

l' **écrivain** *writer*
manquer *to lack*
le **réalisateur** *movie director*
le **genou** *knee*
le **coin** *corner*
rire *to laugh*
drôle *funny*
léger *light*
le **cœur** *heart*

Le Cinéma français

Nous sommes devant le Cinéma Pathé à Lyon, où Mme Rousselon et ses neveux sont allés voir "Adèle H", un film de François Truffaut. Les avis sont partagés sur les mérites du film et du rôle principal, joué par Isabelle Adjani.

Mme Rousselon: Nous étions vraiment bien placés, n'est-ce pas? J'espère, Jean-Louis, que tu n'as pas oublié de donner un bon pourboire à l'ouvreuse.

Jean-Louis: Mais non, ma tante, je lui ai donné trois francs. C'est bien assez... Eh bien, c'est la première fois que je vois cette actrice. Elle est très belle et très expressive! Mais il n'y a pas beaucoup d'action dans le film.

Catherine: Oh toi! Tu voudrais toujours voir de l'action! Après tout, c'est une histoire triste et vraie, c'est celle d'Adèle Hugo, fille de Victor Hugo. Truffaut a fait tourner toute l'action autour d'elle et de ses sentiments.

Mme Rousselon: J'ai beaucoup aimé la sensibilité de son visage. On pouvait vraiment y voir les étapes° de sa souffrance° et de son désespoir.° À ce point de vue-là, c'est un chef-d'œuvre.

étape *stage*
souffrance *suffering*
désespoir *dismay*

Jean-Louis: Je suis content qu'Adjani ait quitté la Comédie Française.[A] On aura l'occasion de la voir plus souvent à l'écran.

Mme Rousselon: Truffaut a dû dépenser pas mal d'argent pour faire ce film en studio avec une actrice connue. Quand je pense à son premier film, "Les Quatre Cent Coups", tourné à l'extérieur avec très peu d'argent et un jeune garçon de treize ans comme vedette! Ce jeune garçon, du reste, on l'a retrouvé dix ans plus tard dans "Baisers volés".

Catherine: C'est lui, Truffaut, qui écrit le scénario et les dialogues de ses films, n'est-ce pas?

Mme Rousselon: Oui, mais de la vie de tous les jours avec ses petits problèmes qu'il décrivait dans ses films au début, à l'histoire d'Adèle H., il y a une grande différence.

Catherine: Peut-être, mais l'intrigue est toujours sans complications. C'est une histoire romantique racontée simplement...

Jean-Louis: ...et la photographie est très belle. Les couleurs sont harmonieuses. Par exemple, il y avait des intérieurs avec des couleurs chaudes, qui pourtant ne laissaient jamais détourner l'attention du visage d'Adèle.

Catherine: Ah, tu vois qu'il n'y a pas que l'action qui compte, comme dans "Z", ton film favori, si je comprends bien!

Jean-Louis: Eh bien, oui, là, il y avait

de l'action, et Yves Montand était formidable! On le voyait devenir meneur° d'hommes, et les circonstances de son assassinat ne sont vraiment révélées° qu'à la fin.

meneur *leader*
révélées *revealed*

Mme Rousselon: Mais, voyons, c'était un film politique et policier. Le tournage a été fait peu après la prise de pouvoir° des généraux en Grèce. Il fallait bien que l'action soit rapide et qu'il y ait du suspense. Enfin, mes enfants, si vous voulez continuer cette discussion, allons nous asseoir sur ce banc, là-bas. Maintenant que la rue de la République est une rue piétonne,° on peut...

prise de pouvoir *taking of power*

piétonne *pedestrian*

Jean-Louis: Allons plutôt au Café de la Paix. On pourra y prendre quelque chose. Je vous l'offre...

Mme Rousselon: Tu es gentil. Allons-y!

Au café, Mme Rousselon commande un café express, Catherine, un Périer△ avec du citron, et Jean-Louis, un Kirr.° Puis la conversation continue:

Kirr *white wine and black-current liquor*

Jean-Louis: En parlant de films politiques, as-tu vu "Tout va bien" de Godard?

Catherine: Non. Tu sais, après "La Chinoise" où on assiste à l'invasion de Paris par les Chinois, je n'ai guère envie de voir un autre Godard.

Jean-Louis: Tu as tort! C'est sans doute son meilleur film depuis "À bout de souffle".

Mme Rousselon: Ah oui! Je me rappelle encore Jean-Paul Belmondo, poursuivi par la police, et vendu par sa maîtresse américaine, Jean Seberg.

LE CINÉMA FRANÇAIS 111

Quand elle le prévient de ce qu'elle a fait, il n'a qu'une phrase: "J'en ai marre, je veux dormir."[1] Très bien, notre Belmondo, dans ce rôle de casse-cou,° de voyou...°

Catherine: "À bout de souffle", "Les Quatre Cent Coups", c'était le début de la Nouvelle Vague,° si je ne me trompe?

Jean-Louis: Oui, ça remonte à 1959. Eric Rohmer, qui était alors le chef des "Cahiers du Cinéma" (une revue de cinéma), Truffaut et quelques autres ont décidé d'abandonner la critique du cinéma pour se mettre à tourner des films eux-mêmes. Ils se révoltaient contre le cinéma à Papa.

Mme Rousselon: Alors, là, je proteste. Le cinéma avant 1959 avait déjà des réalisateurs extraordinaires. Il y avait Jacques Prévert qui collaborait avec Marcel Carné pour produire des films comme "Quai des brumes" et "Hôtel du Nord" avec Jean Gabin. Puis, au début du film en couleurs, Jean Cocteau a tourné "La Belle et la Bête" avec Jean Marais... Et encore une fois Marcel Carné, lui a produit la jolie fantaisie des "Visiteurs du soir" et mon film préféré que je ne manque jamais d'aller revoir quand il passe dans un cinéma de la ville, "Les enfants du paradis". Jean-Louis Barrault a peut-être lancé sa carrière là, dans le rôle du mîme.

casse-cou *dare-devil*
voyou *rough, deliquent*

vague *wave*

[1] "I've had enough, I want to sleep."

Jean-Louis: Tu parles d'écrivains qui travaillaient avec les gens du cinéma, mais aujourd'hui aussi nous avons, par exemple, Alain Robbe-Grillet qui a fait "L'année dernière à Marienbad" avec Alain Resnais. Marguerite Duras qui, après avoir collaboré avec Resnais à créer "Hiroshima mon amour", basé sur son livre, réalise elle-même ses films maintenant.

Catherine: En tous cas, nous ne manquons pas de cinéastes en France. Nous n'avons même pas encore mentionné les films d'Eric Rohmer dont j'aime beaucoup le style dans "Ma nuit chez Maud" et "Le genou de Claire".

Jean-Louis: Oui, mais nous savons bien que tu es cérébrale et que tu adores les monologues. Moi, je préfère Claude Lelouch qui essaie des tas de techniques avec la caméra. "Un homme et une femme" a été applaudi dans tous les coins du monde. Jean-Louis Trintignant et Anouk Aimée étaient magnifiques comme couple. Je reverrais même avec plaisir le vieux film de Vadim, "Et Dieu créa la femme" qui a lancé Brigitte Bardot.

Mme Rousselon: Voilà bien des genres différents, en effet. Mais n'oubliez pas que pour rire un peu, nous avons aussi Jacques Tati, qui s'amuse à jouer le rôle de son personnage, M. Hulot, un Français comme on en voit tous les jours, mais à qui il arrive toujours des choses drôles.

Catherine: Dans le style léger, on peut

aussi voir une comédie musicale, comme "Les parapluies de Cherbourg".

Jean-Louis: Mais si on veut voir les atrocités de la dernière guerre, il faut aller voir "Le Chagrin et la Pitié" ou "Lacombe Lucien" d'Ophüls.

Catherine: Pour le réalisme, voyez Claude Chabrol. Il vous fera rire aussi, mais n'allez pas voir "Le boucher" si vous n'avez pas le cœur bien accroché.°

Mme Rousselon: Pour nous, Français, le cinéma est une forme d'art, et, au fait, il est bon de se rappeler qu'il a commencé ici...

Jean-Louis: Comment ici?

Mme Rousselon: Mais oui, à Lyon, avec les frères Lumière et leurs documentaires...

accroché *hung, secured*

EXERCICES

I.

Complétez les phrases suivantes.

1. Adèle H. est la _____ de Victor Hugo.
2. On tourne un film en _____ et en _____ .
3. On donne un _____ à l'ouvreuse.
4. Yves Montand était un _____ d'hommes dans "Z".
5. Dans un film, il y a un _____ et des _____ .
6. L' _____ d'Adèle H. est simple.
7. Eric Rohmer était _____ des Cahiers du Cinéma.
8. Des critiques ont décidé de _____ des films eux-mêmes.
9. On voit un film sur un _____ .
10. Il y a beaucoup de _____ en France qui réalisent des films.

114 DIX

II.

Employez les mots ou les expressions suivant dans une phrase originale.

1. partager un avis
2. l'intrigue
3. tous les jours
4. prévenir de
5. se mettre à
6. manquer de
7. en tous cas
8. jouer le rôle

III.

Trouvez le substantif dérivé des verbes suivants.

1. produire
2. voir
3. tourner
4. compliquer
5. réaliser
6. collaborer
7. créer
8. discuter

IV.

Répondez aux questions suivantes.

1. Jean-Louis aime-t-il les films d'action? Lequel en particulier?
2. Comment Jean-Louis trouve-t-il Isabelle Adjani?
3. Où se passe l'action d'Adèle H.?
4. Qui était la vedette du film "Les Quatre Cent Coups"?
5. Sur quoi est basée l'action de "Z"?
6. À quel moment est-ce que les films de la Nouvelle Vague ont commencé?
7. Quels écrivains collaborent aujourd'hui avec les cinéastes?
8. Comment Jean-Louis décrit-il les films d'Eric Rohmer?
9. Où a été applaudi "Un homme et une femme"?
10. Comment Mme Rousselon décrit-elle le personnage de M. Hulot, création de Jacques Tati?
11. Quel film a lancé Brigitte Bardot?
12. Qu'est-ce que le cinéma représente pour les Français?
13. Qui a inventé le cinématographie?
14. Nommez quelques genres de films français.

V.

Votre point de vue.

1. Avez-vous vu un des films dont on parle dans ce chapitre? Qu'est-ce que vous en pensez?
2. Aimez-vous les films réalistes? Pourquoi? Pourquoi pas?
3. Aimez-vous les films romantiques? Pourquoi? Pourquoi pas?
4. Préférez-vous les films d'action? Pourquoi? Pourquoi pas?
5. Discutez les mérites de votre film préféré.
6. Le cinéma français diffère-t-il du cinéma américain? En quoi?

Cultural Index

Allocation Allowance given by the government to wife for household expenses, maternity and child-rearing.

Aménagement du territoire Planning system for rural and urban development. The system was established with the idea of setting up eight regional centers in France. The centers are situated around eight major French cities: Lille, Rouen, Nantes, Bordeaux, Toulouse, Marseille, Lyon and Strasbourg.

Assemblée Nationale French legislative body composed of 490 *députés*. See **Députés** and **Parlement**.

Comédie Française National theater in Paris whose repertoire is composed of classical plays such as those of Molière, Racine and Corneille (all seventeenth century playwrights), Musset, etc. The actors are obliged, by contract, to work only with the *Comédie Française*.

Commissariat au plan Planning commission composed of economists and administrators whose goal is to study, in detail, the French economic situation and to propose necessary economic measures. This commission formulates national objectives which are to be met in the next four or five years. Jean Monnet, a world reknowned economist, was its first head.

Côte d'Azur Region of France between Toulon and the Italian border, along the Mediterranean Sea. Its beaches, Cannes, Nice, Saint Tropez, etc., are world reknowned and the area attracts a large number of tourists every year.

Département An administrative division. France is divided into 96 *départements* plus the *départements d'Outre-Mer*. Each *département* is represented in the *Assemblée Nationale* by a *député*, who is elected by direct popular vote. The administrative head of each *département* is called a *préfet*.

Député Member of the French *Parlement*. The *députés* are elected for five year terms by direct popular vote and represent their respective *départements*.

Deuxième guerre mondiale World War II (1939-45). France and Great Britain declared war on Germany on September 2, 1939, and in June, 1940, Maréchal Pétain, French Chief of State, capitulated to the advancing German troops. The surrendered government was located in Vichy (hence the name *Gouvernement de Vichy*) for the remainder of the war. The French underground was very active during the German occupation and Charles De Gaulle, head of the Free France movement, broadcast support to his fellow "resistance" members from London.

E.N.A. *L'École nationale d'administration* was created in 1945 in Paris. The school is roughly equivalent to a high caliber government training school. The entrance examination is one of the hardest within the French school system, and its graduates, often called *les Mandarins*, are found in the highest government posts. Valéry Giscard d'Estaing is a graduate of the *E.N.A.*

Existentialisme Existentialist philosophy which believes that man is free and determines his own destiny. Jean-Paul Sartre is considered the father of existentialism. Among his best known works are the plays: *Les Mains Sales, Huis Clos* and *Les Mouches*. His best known novel is *La Nausée*.

Francophone Les *pays francophones* are the countries in which French is the official language. There are many countries worldwide where French is the major language. Some of these have been under French influence in the past (Belgium, Switzerland and Canada); others are former French colonies (Algeria, independent since 1962, the Ivory Coast, independent since 1960, Haiti, independent since 1804); still others are former colonies which are now French protectorates (Martinique, Guadeloupe). The latter are called the *départements d'outre-mer*. Many other countries in Africa (Senegal, Tchad, etc.) and in the Middle East (Syria, Lebanon, etc.) are also francophone.

Haussmann Georges Haussmann was the *préfet* of the *département la Seine* during the Second Empire, under Napoléon III. He is best known for the changes he made in the design of Paris. Under his direction Paris was transformed. The old narrow winding streets, which often dated from the Middle Ages, were replaced by large, tree-lined boulevards. He is considered the architect of Paris.

Hectare   see **Système Métrique**

Hexagone France is often called a *hexagone* because when one connects the natural boundaries (the North Sea, the English Channel, the Atlantic Ocean, the Pyrénées, the Mediterranean, the Alps and the Rhine) with the artificial boundaries (Belgium and Luxembourg), a hexagon is formed.

H.L.M. **Habitations à Loyers Modérés.** Middle class housing projects which resemble their American counterparts. The *H.L.M.*s are often found in the suburbs of the major cities and represent the new outlook in French architectural planning. Some of the *H.L.M.*s are like small self-contained cities with stores, leisure activities, etc.

Impressionnisme Impressionist period in art. The leading impressionist painters were Monet and Manet. France is considered the home of impressionist art, which is distinguishable by the soft, often muted colors used as well as the feeling of intense personal interaction between the painter and his work of art.

Kilomètre see **Système Métrique**

Maison de Jeunes There are *maisons de jeunes* in all cities of more than 5,000 inhabitants. All youths over 15 years of age are allowed to join. The annual dues are between 20 and 30 francs. Within the building there is usually a library, a film club as well as many other recreational rooms. Courses are offered, which range from guitar lessons to folk dancing, foreign languages, etc.

Maire French cities are administered by *un maire* (mayor). Until 1976 Paris was administered by a *préfet de la Seine*. Since then Paris has been governed by a mayor.

Mai 1968 In May 1968 the students, first in Paris then throughout France, revolted. They complained of overcrowded classrooms, obsolete teaching methods, lack of equipment, etc. The riots which erupted during the revolt were bloody and involved, in one way or another, most of the French people. Labor unions joined the striking students, threatening the political stability of France. Many changes have come about as a direct result of these student demonstrations and revolts.

Marché Commun The *Marché Commun* (Common Market) is composed of six European countries: France, Belgium, Holland, Germany, Italy and Great Britain. The Common Market was created in order to form an economic unity within western Europe. There are no customs or importation taxes between Common Market countries. Preference is given to the produce of Common Market countries and jobs are given first to people from one of the six countries.

Nouveau Roman Name given to the French novel as it has existed for the last fifteen years. The major authors are Robbe-Grillet, Nathalie Sarrute, and Michel Butor. In the *Nouveau Roman* the traditional concepts of plot, narrator, and time are completely overturned, and the psychology behind the characters' actions are more important than the action itself.

O.R.T.F. **L'Office de la Radiodiffusion-Télévision Française**, the major French television network. The *O.R.T.F.* was created in 1964 and until the presidency of Giscard d'Estaing, was government controlled. There are three channels in France, and programming goes from 11 A.M. to 11 P.M.

Onzième See **Système Scolaire**

Outre-Mer The French republic is comprised of continental France and the island of *Corse* (Corsica), plus four *départements d'Outre-Mer* and eight *territoires d'Outre-Mer*. The four *départements d'Outre-Mer* are Guadeloupe, Martinique, Guyana and Réunion. The eight *territoires d'Outre-Mer* are Saint Pierre and Miquelon, French territory of Afars and Issas, Comores, New Hebrides, Wallis and Futuna, New Calcedonia, French Polynesia, French Australia and French Antarctica. The *départments d'Outre-Mer* have the same status as those of continental France. The *territoires d'Outre-Mer* have had internal autonomy since 1956 and are governed as so desired by the territorial legislatures.

Parlement The French legislative body is composed of two houses: le **Sénat** and l'**Assemblée Nationale**. The principal role of *Parlement* is to pass laws. *Parlement* meets twice yearly: one session begins on October 2 and lasts ninety days; the second session lasts from April to June. The first session is devoted to budgetary matters. If there is a disagreement between the two houses, the *Assemblée Nationale* has the last word. Only the *Assemblée Nationale* has the right to overthrow the government by writing a censure motion.

Planification see **Commissariat au plan**

P.T.T. Postes, Télégraphes et Téléphone. This government-owned monopoly controls the communication network of France. The *P.T.T.* is governed by an *ministre des P.T.T*. The title of the *P.T.T.* has recently been changed to the *P.T. (Poste et Télécommunications)* but most people still refer to it as the *P.T.T.*

Pneumatique Called *pneu* for short, this is an entirely Parisian system for letter carrying. Throughout Paris there is an air tube system through which letters can be delivered anywhere within Paris in a matter of hours. The letter is put into a metal cylinder and sent through a maze of tubes until it reaches its destination. It is then taken out of the cylinder and hand delivered. This system has become more and more obsolete since phone service has improved and more and more French families are able to afford and get a telephone.

Préfet   see **Département**

République   France is *une république* (republic). At the present time, the regime is called the fifth republic. Each time a new constitution was adopted, or an old one revised, a new republic was declared. The first republic was created after the French revolution, the second in 1793, the third after the Franco-Prussian War in 1870, the fourth in 1940 under Maréchal Pétain. President De Gaulle formed the fifth republic in 1945.

S.N.C.F.   **Société Nationale des Chemins de Fer**, the nationalized railroad system. The S.N.C.F. controls the train service in France. The French train system is known for its punctuality and cleanliness. The trains are becoming more modern, and recently the *T.E.E.* (Trans-Europe-Express) trains have been put into service. Unlike most trains which have two classes (*première* et *deuxième classe*), the *T.E.E.s* have only *la première classe*. The *T.E.E.s* are equipped with ultra-modern facilities and many have hairdressers, shops and discothèques aboard.

Sénat   One of the houses of the French *Parlement*. The *sénateurs* are chosen by an electoral college for a nine year term. See **Parlement**.

Service militaire   Military duty is obligatory for all able-bodied males except those who have a family to support. Military service can be done in the civil defense system, the foreign service, the technical aide division or in one of the armed forces divisions. The period of service is twelve months for civil defense and sixteen months for the foreign service or the technical aide. A man can choose to serve at any time between his 18th and 21st birthday. Deferments are only granted to medical students, science students or to certain other groups. If someone feels that he is unable to serve due to religious conviction or because he is a conscientious objector, he can be classified as a conscientious objector but must serve twenty-four months of civil service duty in the National Forestry Office.

Suffrage indirect   System by which the *sénateurs* are chosen. The electoral college, composed of *députés*, *conseillers généraux* and municipal delegates, elect the *sénateurs* for a nine year term.

Suffrage universel   Direct popular voting is used for presidential and departmental elections. With this system, a candidate must receive an absolute majority (more than 50%) of the votes in order to be declared the winner. If no candidate receives an absolute majority on the first day of voting, a second election takes place a week later. This system favors coalitions and allows for majority rule. The president has been elected through *suffrage universel* since the referendum of October 28, 1962, which was approved by 62% of the French voters.

Symboliste   An author belonging to the symbolist movement, which represents intangible ideas by associating them with concrete objects.

Système métrique   The *système métrique* is basically a decimal system: 1000 meters equal 1 kilometer, 100 hectares equal 1 *are*, 100 grams equal 1 kilogram, etc. Land is measured in *ares* (1 *are* = 2.471 acres); liquids are measured in liters (1 liter = 1.056 quart); solids are measured in grams and kilograms (1 gram = 0.0352 ounce, 1 kilogram = 2.2046 pounds); distance is measured in meters and kilometers (1 meter = 39.37 inches, 1 kilometer = 0.6213 miles); and heat is measured in centigrade degrees (0° Celsius = 32° Fahrenheit).

Système universitaire   The French school system is very different from its American counterpart. It starts with *onzième* and goes to *première*, then to *les classes terminales*. At the end of *la classe terminale* the national exam, *le baccalauréat*, is given. There are a variety of *classes terminales* offered; the one which one chooses depends on the area of specialization (mathematics, philosophy, sciences, etc.). After *la classe terminale* one enters the university system, which is composed of various *facultés* (*faculté de droit, faculté de médecine, faculté de lettres*, etc.) The number of years one studies at the *faculté* depends on the area of study: *médecine* takes seven years; *lettres* can take from two years on, depending on the degree sought.

Tour de France   French bicycle marathon which goes through most regions of France. Every year the itinerary is different. The *Tour de France*, which takes place in July, is a very popular event and many French people follow the races on their radios or televisions. A winner is declared for each leg, and the winner of the previous day, or the winner with the best accumulated time, wears a yellow jersey (*le maillot jaune*). Cyclists from all over Europe compete in this event.

Vocabulary

A

    a   has; **il y a**   there is, there are (see **avoir**)
    à   at, in, until
d' **abord**   first of all
    abrité   becalmed
l' **absolu**   absolute
la **Suisse**   Switzerland
l' **absurdité**   absurdity
l' **accord** *m.*   agreement
d' **accord**   agreed, O.K.
l' **acteur**   actor
    activer   to activate
    adhérer   to belong
    admettre   to admit
    admirer   to admire
s' **affirmer**   to assert oneself
    ai   have (see **avoir**)
    aider   to help
    aille *subj.*   go (see **aller**)
    ailleurs   elsewhere
    aimer   to like, to love
    ainsi   thus; **—que** as, as well as
    ait *subj.*   have (see **avior**)
l' **Algérie**   Algeria
    alimentaire   food-related
    allemand   German
    aller   to go
    allié   allied
    alors   then; **—que** while
    ambitieux, ambitieuse   ambitious
    améliorer   to better
l' **Amérique** *f.*   America
l' **ami**   friend
l' **amour** *m.*   love
l' **an** *m.*   year
l' **analyse**   analysis
    ancien, ancienne   old
    anglais   English
l' **année** *f.*   year
    anonyme   anonymous
    apparaître   to appear
l' **apparence** *f.*   appearance
    appeler   to call
    applaudir   to applaud
s' **appliquer**   to apply to
    apprécier   to appreciate
    apprendre   to learn
    après   after
l' **après-midi** *m.*   afternoon
l' **arbre** *m.*   tree
l' **argent** *m.*   money
s' **arrêter**   to stop
en **arrière**   backward
l' **arrivée** *f.*   arrival
    arriver   to arrive, to happen
l' **assassinat** *m.*   murder
s' **asseoir**   to sit down
    assez   rather, enough
    assis   seated
    assister   to look on
    associer   to associate
s' **associer**   to associate oneself
l' **assommoir** *m.*   instrument for felling
    assurer   to insure
s' **attacher**   to apply oneself
    attaquer   to attack
    attendre   to wait
    attirer   to attract
    au   at the
    aucun   any, no
    au-dessus   above
    augmenter   to increase
    aujourd'hui   today
    auquel   to which
    aurez *fut.*   will have (see **avoir**)
    aussi   also, to; **—... que** as... as; **—bien que** as well as
    autant   as much; **d'—plus** all the more
l' **auteur** *m.*   author
    authentique   authentic
l' **autorité** *m.*   authority
    autour   around
    autre   other; **d'—part** on the other hand
    autrement   otherwise
    aux *pl.*   at the

avant before
l' **avantage** advantage
avantageux advantageous
avec with
aviateur flyer
l' **avis** *m.* opinion
avoir to have; **—lieu** to take place; **—raison** to be right; **—envie** to have a mind to

B

le **bal** dancing ball
la **banlieue** suburb
la **banque** bank
bas, en— below
basé based
le **bateau** boat
bâtir to build
battre to beat
beau handsome, beautiful
beaucoup many, a lot
la **beauté** beauty
belge Belgian
la **Belgique** Belgium
belle beautiful
le **bénéfice** benefit, profit
bénéficier to benefit
le **besoin** need
bien well; **—sûr** of course, surely; **le—** good; **—des** many
le **bien-être** well-being
bientôt soon
blanc, blanche white
boire to drink
bombardé bombed
le **bombardement** bombing
bon good; well
le **bonheur** happiness
bonjour hello, good morning
le **boucher** butcher
bref in brief
le **bruit** noise
brun brown
le **but** goal

C

ça that, it

le **café** coffee
le **cahier** workbook
camarade classmate
la **campagne** countryside
les **canaux** canals
la **canne à sucre** sugar-cane
car for, because
le **carillon** chime
carré square
la **carrière** career
cartésienne of Descartes
le **cas** case; **en tous—** in any case
ce, cet, cette, this, that; **ces** these, those; **ce que** what
célà this
célèbre famous
celle this, that; **—ci** this one
celui that; **—ci** the latter
la **cellule** cell
cent hundred
cependant however
c'est-à-dire that is
ceux-ci these
chacun each
la **chaise** chair
la **chaleur** heat
la **chambre** bedroom
le **changement** change
chanter to sing
chaque each
la **chasse** hunt
le **château** castle
chaud warm
le **chef** head
le **chemin** road
cher dear, expensive
chercher to look for
chéri darling
chez at (someone's home)
le **chiffre** figure
chimique chemical
la **Chine** China
le **chinois** Chinese
le **choc** shock
choisir to choose
le **choix** choice
choquer to shock
la **chose** thing
la **chronologie** chronology

le **cinéaste**   film maker
le **cinéma**   movie theatre
   cinq   five
   cinquième   fifth
   circuler   to circulate
la **circonstance**   circumstance
le **citron**   lemon
   civil   civilian
   classique   classical
le **cœur**   heart
   collaborer   to collaborate
   collègue   colleague
   commander   to order
   comme   as, like
   commencer   to begin, to start
   comment   how
   commerçant   merchant
   commettre   to commit
   commun   common
   comparer   to compare
   complètement   completely
   compliqué   complicated
le **compositeur**   composer
   comprendre   to understand
   compter   to count
   concentrer   to concentrate
   concurrencer   to compete with
   conduire   to lead
   connaître   to know
   connu   known
le **counseil**   council
le **conseiller**   councilman
   conseiller   to counsel
le **conservatoire**   conservatory
   considérer   to consider
   constamment   constantly
la **construction**   building
   construire   to build
   consulter   to consult
   contemporain   contemporary
   contenir   to contain
   content   pleased, happy
   contourner   to go around
la **contrainte**   constraint
   contraire, au—   on the contrary
   contre   against; **par—**   on the other hand
la **contrebande**   smuggling
   contribuer   to contribute
la **côte**   coast

le **côté**   side
la **Côte d'Ivoire**   Ivory Coast
le **coucher du soleil**   sunset
la **couleur**   color
le **coup**   stroke; **du—**   as a result
   courageux   courageous
le **cours**   course
le **créateur**   creator
   créer   to create
la **crise**   crisis
   critiquer   to criticize
le **critique**   critic
   croire   to believe
la **cuisine**   kitchen
   cultiver   to cultivate

D

   dangereux   dangerous
   dans   in
   de, d'   of, from
le **début**   beginning
se **décharger**   to unload oneself
la **découverte**   discovery
   découvrir   to discover
   décrire   to describe
   déduire   to deduct
la **défaite**   defeat
   défigurer   to disfigure
   définir   to define
   déjà   already
le **déjeuner**   lunch
   delà, au—   beyond
le **délégué**   delegate
   demain   tomorrow
   demander   to ask; **se—**   to ask oneself
   demi   half
   démissioner   to resign
   démontrer   to demonstrate
   dépenser   to spend
   depuis   since
   dernier   last, latter
   des *pl.*   of the
   descendre   to go down
   désorienté   disoriented
   dessiner   to draw
   détaillé   detailed
   détourner   to detract

détruit destroyed
deux two
deuxième second
devant in front, facing
le **développement** development
développer to develop; **se—** to develop oneself
devenir to become
devoir should, to have to; **le—** duty
le **diable** devil
le **diamant** diamond
dicté dictated
difficile difficult
la **difficulté** difficulty
difficilement with difficulty
le **dimanche** Sunday
dîner to have dinner; **le—** dinner
dire to say
directement directly
diriger to guide; **—un orchestre** to conduct
discuter to discuss
disponible available
diversifier to diversify
divisé divided
dix ten; **-huit** eighteen
le **documentaire** documentary
dois ought to (see **devoir**)
domestique household
dommage pity; **c'est—** it's a pity
donc thus, then, therefore
donner to give
dont of which
le **doute** doubt
douze twelve
le **drame** drama
dramatique dramatic
la **droite** right
drôle funny
dû had to (see **devoir**)
du of the
dur hard

E

éclatant bursting

l' **école** *f.* school
écouter to listen
l' **écrivain** *m.* writer
écrit written
l' **effet** *m.* effect; **en —** indeed
égal equal
également also
l' **égalité** equality
l' **élèvage** cattle-raising
élevé high
éliminer to eliminate
elle she, it, her; **— -même** herself
élu elected
émigrer to emigrate
employer to use
en in; of it; **il y — a** there is, are
l' **enchaînement** linking
l' **encontre** counter; **à l' — de** counter to
encore still, yet; **— une fois** once more
l' **énergie** energy
l' **enfant** *m.* child
l' **enfer** hell
enfin well, finally
engager to involve; **s' —** to get involved
engagé involved, committed
englouti engulfed
l' **ennemi** enemy
énormément a lot of
l' **enseignement** education
ensemble together
ensuite then
entendre to hear; **— par** to mean by
entendu, bien — of course
entier entire
entièrement entirely
l' **entracte** *m.* intermission
entraîner to carry away
entre between
envers toward
envie envy; **faire —** to be tempting; **avoir —** to want
environ about
l' **environnement** environment
envoyer to send

l' **équilibre** equilibrium
l' **ère** *f.* era
l' **erreur** *m.* error
l' **espace** space
l' **Espagne** Spain
  espagnol Spanish
  espérer to hope
l' **essai** essay
  essayer to try
  essentiel essential
  essentiellement essentially
  est is (see **être**)
l' **esthétique** esthetics
  estimer to estimate
  et and
  établir to establish; **s'** — to establish oneself
l' **état** *m.* state
les **États-Unis** United States
  êtes are (see **être**)
l' **étranger** *m.* stranger
  être to be
l' **étude** *f.* study
l' **étudiant** student
  étudier to study
  eux them, they; — **-mêmes** themselves
l' **événement** *m.* event
  évidemment obviously
  évocateur evocating
  exactement exactly
  exercer to exercise, practice
  exister to exist
  expédier to send
  expliquer to explain
l' **exposition** fair, exhibit
  exprimer to express
l' **extérieur** *m.* exterior, outside
  extraordinaire extraordinary
  extrêmement extremely

F

la **fabrique** factory
la **facette** facet
  facile easy
  facilement easily
la **façon** way, manner
  faire to do; — **partie de** to be part of; — **plaisir** to please; **se** — to happen, to make oneself; — **du ski** to go skiing
le **fait** fact; **au** — by the way
la **falaise** cliff
  falloir must
  fameux famous
la **famille** family
la **fantaisie** fantasy
  fascinant fascinating
  fasciner to fascinate
  fatigant tiring
  faudra *fut.* must (see **falloir**)
  faut, il — it is necessary, one must
la **faute** mistake
  faux false
la **faveur** favor
  favoriser to favor
  félicitations congratulations
la **femme** woman, wife
la **fenêtre** window
le **fer** iron
le **fermier** farmer
la **fiche** card
  fidèle faithful
la **figure** face
le **film** movie
la **fin** end
  finalement finally
  finir to end
  fleuri full of flowers
le **foie gras** goose-liver pâté
la **fois** time
la **fonction** function
le **fonctionnaire** civil servant
  fonctionner to function
  fondamental fundamental
  forcément necessarily
la **forêt** forest
la **forme** shape
  formidable fantastic
la **foule** crowd
  français French
  francophone French-speaking person of French or other nationality
  frais, fraîche fresh
le **frère** brother

    frigorifiant   freezing
le **froid**   cold
    fugitif   fugitive

G

la **galerie**   gallery
la **gamme**   scale (musical)
le **garçon**   boy, waiter
la **garde**   guard
la **gauche**   left
le **général**   general
les **généraux**   generals
    généreux   generous
le **genre**   manner, way; type
les **gens** *m.*   people
    gentil   nice
la **géographie**   geography
le **geste**   gesture
le **goût**   taste
le **gouvernement**   government
    gouverner   to govern
    grâce à   thanks to
    grand   tall
    gratuit   free
    grec   Greek
    gros   big
se **grouper**   to group together
    ne... guère   hardly... but
la **guerre**   war

H

l' **habitant** *m.*   inhabitant
l' **habitude** *f.*   habit
    harmonieux   harmonious
    haut   high; **du —** from above
la **hauteur**   heights
    hebdomadaire   weekly
    hélas   alas
l' **hérédité**   heredity
le **héros**   hero
l' **heure**   hour
    heureux, heureuse   happy
l' **hexagone**   hexagon
    hideux   hideous
l' **histoire**   history, story
    historique   historical

    historiquement   historically
l' **homme**   man
    huis clos   closed doors
    humain   human
l' **humanité**   humanity
l' **humeur**   mood

I

    ici   here
l' **idée**   idea
    il   he, it
l' **île** *f.*   island
    illustrer   to illustrate
    imiter   to imitate
    importe, n' – où   anywhere
    inclure   to include
l' **individu** *m.*   individual
l' **Indochine**   Indochina
l' **industrie** *f.*   industry
    inefficace   inefficient
    influencé   influenced
    initié   initiated
l' **inondation** *f.*   flood
    inspiré   inspired
s' **installer**   to relocate
    intensifier   to intensify
    interdit   forbidden
    intéressant   interesting
    intéresser   to interest; **s' —** to be interested
l' **intérêt** *m.*   interest
    intermédiaire   intermediary; **par l' —** through the agency of
    intitulé   titled
    inutile   useless
    irons *fut.*   will go (see **aller**)
l' **isolement**   isolation
    isoler   to isolate

J

    jamais   never, ever
    je, j'   I
le **jeu**   game, play
    jeune   young; **– s gens** young people

la **jeunesse** youth
joli pretty
le **jour** day
le **journal** newspaper
la **journée** day
jusqu'à as far as, up to
juste exact
judiciaire judicial
le **jugement** judgment
juger to judge
juif Jewish
justement precisely

K

le **kilomètre** kilometer

L

la, l' the
là here; **–bas** over there; **–haut** up there
le **lac** lake
la **laine** wool
laisser to let
lancer to launch
la **langue** language
le, l' the; him
la **leçon** lesson
léger light
lentement slowly
lequel which
les *pl.* the; them
lesquels *pl.* which
leur their; to them
levant rising
la **liberté** freedom
libre free
la **ligne** line
linéaire linear
lire to read
liquider to get rid of
le **livre** book
la **logique** logic
loin far; **– de** far from
lointain far away
long long; **le –** along
lu read (see **lire**)

lui to him, him; **–même** himself
la **lumière** light
la **lune** moon; **clair de –** moonlight
lyrique lyrical

M

madame Mrs.
la **madeleine** cake
mademoiselle Miss
magnifique magnificent
mai May
maintenant now
le **maire** mayor
mais but
la **maison** house; **à la –** at home
le **maître** master
la **maîtresse** mistress
le **mal** ache
mal bad, badly
malgré in spite of
malheureusement unfortunately
manger to eat
la **manière** manner
manquer to be lacking
le **marchand** storekeeper
marcher to work
le **mari** husband
marquer to mark
le **matin** morning
me, m' to me
mécanique mechanical
médicaux *pl.* medical
meilleur better; **le –** the best
la **mélodie** melody
même same; even; **tout de –** all the same, nevertheless; **de –** as well
la **mémoire** memory
le **mémoire** homework
mener to lead
mentionner to mention
la **mer** sea
merci thank you
la **mère** mother
la **merveille** wonder

mes my
mesdames Mrs. *pl.*, ladies
mesdemoiselles Misses *pl.*, ladies
messieurs gentlemen
le métro subway
meurt die (see **mourir**)
mieux best
le milieu middle
le mineur mine worker
le miroir mirror
la misère misery
modifier to modify
moi me
le mois month
moins less; à — unless; tout au — at least
mon *m.* my
le monde world; tout le — everyone
monsieur mister, sir
la montagne mountain
monter to go up
le morceau piece
mort, il est mort he died
le mortel mortal
la mosquée mosque
le mot word
la mouche fly
le moulin mill
mourir to die
la moutarde mustard
le mouvement movement
moyen middle; — âge middle ages
les muraux murals
le musée museum
la musique music
musulman Moslem

N

la naissance birth
naturel natural
naturellement naturally
la nausée nausea
né born
ne... pas not; n'est-ce pas? is it not?
nécessaire necessary

neveux nephews and nieces
ni... ni neither... nor
le niveau level
le noir black person
noir black
le nom name
nombreux numerous
nommer to name
non not, no
le nord North
nos *pl.* our
notre our
nous we
nouveau, nouvelle new; à nouveau again
la nuit night

O

l' objet *m.* object
l' œil *m.* eye
l' œuvre *f.* work
obligé obliged
obtenir to obtain
occupé busy
occuper to occupy
offert offered
offrir to offer
l' oiseau bird
on one, people, we
onzième eleventh
l' orchestre *m.* orchestra
ordonné organized
organiser to organize
l' orgue organ
ou or; ou... ou either... or
où where
oublier to forget
ouf oh! (in relief)
oui yes
ouvert open

P

la paix peace
le palais palace
papa Daddy
par through, by

130 MES

le **parapluie** umbrella
le **parc** park
parce que because
pardon excuse me
parfait perfect
parler to speak
la **parole** word
la **part** share; **de la – de** from
le **parti** party
participant participating
participer to participate
la **partie** part
particulier, en – particularly
particulièrement particularly
partout everywhere
partir to leave; **à – de** starting from
pas not; **– du tout** not at all
passant, en – by the way
le **passé** past
se **passer** to happen
passionner to interest deeply
le **pasteur** pastor
la **patrie** country, homeland
pauvre poor, unfortunate
payer to pay
le **pays** country
le **paysage** countryside
le **paysagiste** painter of countryside
peindre to paint
peine, à – hardly
le **peintre** painter
la **peinture** painting
pendant during; **– que** while
penser to think
perdre to lose
perdu lost
le **père** father
la **période** period
permettre to allow
le **personnage** character
la **perte** loss
la **peste** plague
petit small
le **pétrole** petroleum
peu little; **un –** a little
peut can (see **pouvoir**); **– être** maybe
la **philosophie** philosophy

philosophique philosophical
la **photo** picture
physique physical
le **pilote de ligne** airline pilot
la **place** square
la **plage** beach
plaire to please
le **plaisir** pleasure
la **planète** planet
plein full
pleinement fully
la **pluie** rain
plu pleased (see **plaire**)
la **plupart** most
plus more; the more; **de – en –** more and more; **le –** the most; **de –** what's more; **en – de** on top of; **ne... –** any more
plusieurs several
plutôt rather
le **poème** poem
le **poète** poet
le **poids** weight
point, à ce – de vue-là from this point of view
la **poire** pear
politique political; **la –** politics
le **pont** bridge
le **port** harbor; **– de plaisance** pleasure harbor
porter to wear; **– sur** to deal with
posséder to possess
la **poste** post office
postuler to postulate
pour for, to
pourquoi why
poursuivre to pursue
pourtant however
pousser to grow
pouvoir can, to be able to;
le – power
le **précurseur** precursor
prédire to predict
préféré favorite
préférer to prefer
premier first
prendre to take

PRENDRE 131

près near, close; à peu — almost
présent, à — now
presque almost
prêt ready
prévenir to warn
prévoir to foresee
primaire primary
principal main
le principe principle
le printemps spring
le prix price
prochain next
proclamer to proclaim
produire to produce
le produit product
profiter to take advantage
profond profound
le programme program
le progrès progress
le projecteur projector
le projet project
promettre to promise
prononcer to deliver (a speech)
propos, à — by the way
propre own
protéger to protect
psychologique psychological
psychologue psychologist
publier to publish
puis then
la puissance power
purement purely

Q

quand when
quant à as far as, as for
que what; that, than; — ce soit whether it be
quatre four
quel what, which
quelque some, a few; — chose something
quelquefois sometimes
quelqu'un someone
qui which, who
quinzième fifteenth

quitter to leave
quoi what
quoique even though

R

raffiné refined
raison reason; avoir — to be right
ramasser to pick up
rapidement quickly
rappeler to recall, to remind; se — to remember
rapporter to yield
réaliser to direct (a film)
réaliste realistic
la réalité reality
recevoir to receive
récemment recently
reconnaître to recognize
la recherche pursuit, research
reconstruire to rebuild
reçu received
redescendre to go down again
réduire to reduce
réel real
regarder to look
régler to solve
relier to connect
remarquable remarkable
la remarque remark
remarquer to note
rembourser to reimburse
remédier to remedy
remercier to thank
remonter to raise
remplir to fill
rencontrer to meet
rendre to render; se — compte to realize
le renouveau renewal
renouveler to renew
renseigner to inform
repartir to go back
repasser to review
répéter to repeat
repeupler to repopulate
répondre to answer
repris taken again

représenter   to depict
le réseau   network
respectif   respective
responsable   responsible
ressemblant   resembling
reste, du –   anyway
le reste   remains
rester   to stay, to remain
le résultat   result
résumé, en –   in short
rétablir   to reestablish
le retour   return
retourner   to go back
retrouver   to recognize, to find again
réussi   successful
le réveil   awakening
revenir   to come back
le revenu   income
revoir   to see again; au –   goodbye
se révolter   to rebel
le rhum   rum
rivaliser   to compete
le rocher   rock
le roi   king
romaine   Roman
le roman   novel
romantique   romantic
rouge   red
la route   road
la rue   street
rustique   rustic
le rythme   rhythm

S

sa   his, her, its
sais   know (see savoir)
la saison   season
sans   without; – doute   without doubt
sartrienne   of Sartre
satisfaire   to satisfy
sauf   except for
sauvage   wild
savamment   learnedly
savoir   to know

la séance   show
secondaire   secondary
le secrétaire   secretary
le sein   bosom
la semaine   week
sembler   to seem
la sensualité   sensuality
sensuel   sensual
se sentir   to feel oneself
le sentiment   feeling
sept   seven
se séparer de   to break away from
septième   seventh
servir   to be used, to use
ses *pl.*   his, her, its
seul   alone
seulement   only
le sexe   sex
si   yes, of course; if; so
le siècle   century
signifiant   significant
simplement   simply
simpliste   simplistic
sociaux *pl.*   social
la société   society
la sœur   sister
soie *subj.*   be (see être)
soit *subj.*   be (see être)
le soir   evening
la soirée   evening
le soleil   sun
sombre   dark
sommes   are (see être)
son   his, her; le –   sound
sont   are (see être)
s'en sortir   to get out of it
sortir   to come out
souffrir   to suffer
sous   under
le souvenir   recollection
se souvenir   to remember
souvent   often
spécialement   especially
se spécialiser   to specialize
spontané   spontaneous
le stade   stadium
subir   to be victim, to feel the influence
se succéder   to succeed each other
la sucrerie   sugar-refinery

SUCRERIE   133

suffisamment   sufficiently
suffit, ça —   that's enough
le suffrage   vote
suggérer   to suggest
le sujet   subject
la Suisse   Switzerland
suivre   to follow
superficiel   superficial
sur   on, over, toward
sûr   sure, certain; bien — of course
sûrement   surely
surpeuplé   overpopulated
surprenant   surprising
surpris   surprised
surtout   above all, especially
la symphonie   symphony
le syndicat   union
la synthèse   synthesis

T

ta *fam.*   your
le tabac   tobacco
le tableau   painting, picture
tant (de)   so much; —... que so much... as; — mieux so much the better
la tante   aunt
tard   late; plus — later
te, t'   you, to you
technique   technical
tel que   such as
tellement   so much
le temps   time; de — en — from time to time
tenez   look here!
tenir   to hold; — compte to take into account
terminer   to finish
terrible   unmanageable
terriblement   terribly
tes *pl.*   your
la tête   head
le thé   tea
théâtral   theatrical
la théorie   theory
la thèse   thesis
le tiers   third

tirer   to draw; — profit de to profit from
toi *fam.*   you
ton *fam.*   your
tort   wrong; avoir — to be wrong
toujours   always, still
le tour   tour, turn
le tournant   curve
tourmenté   tormented
tourner   to turn
tous   all; — les deux you two
tout   all; — le monde everyone; — de suite right away; — à fait quite; — à l'heure later, a moment ago
la traite   slave trade
traiter   to treat
transfiguré   transfigurated
la transmission   broadcast
traumatique   traumatic
le travail   work
travailler   to work
travailleur   worker, hard-working
travers, à —   through
traverser   to cross
treize   thirteen
tremper   to dip
très   very
la trinité   trinity
triste   sad
trois   three
trompeur   misleading
trop   too, too much
trouver   to find, to think of; se — to find oneself
tu *fam.*   you
typique   typical

U

un, une   a, an, one
uni   united
l' université   university
urbain   urban
l' usine   factory
utile   useful

l' **utilisation** *f.* use
utiliser to use

V

va go (see **aller**)
les **vacances** *f.* vacation
la **valeur** value
la **vallée** valley
varié varied
vécu lived
le **véhicule** vehicle
vendre to sell
venir to come
véritable real, true
véritablement really
vers toward
vert green
veux want (see **vouloir**)
la **vie** life
vieux old; **mon –** old pal
la **ville** town, city
vingt twenty
la **vingtaine** some twenty

le **visage** face
le **visiteur** visitor
visuel, visuelle visual
vivre to live
voici here is
la **voie** way
voilà here is, there is
voir to see
le **vol** flight
votre your
vouloir to want; **– dire** to mean
vous you
le **voyeur** peeping-tom
vrai true, real
vraiment truly, really
vu seen
la **vue** view

Y

y there; **il – a** there is, there are